認知症大家対策
アドバイザー
岡田文徳

大家さんのための

家族信託®

注目の「家族信託」の
活用法について
賃貸業に特化した唯一の書!!

プラチナ出版

はじめに

令和元年という新しい時代を迎え、大家の皆さんはどのような時代になっていくと感じているでしょうか？

平成の最後には、さまざまなことが立て続けに起きたように感じてなりません。これは、令和時代を迎えるにあたり、令和時代を生きる我々に対して、課題を出したのではないか？と思います。

不動産の分野においては、２０１８年に大きな問題が明るみになりました。

相続の分野においては、亡くなった後の相続対策だけでは不足しており、生前の認知症対策まで対策を行わなければならないことがわかってきました。いまいちピンときていない方のために、平成時代に起きた事実をお伝えしたいと思います。

私の祖父は、90歳で不動産賃貸業を行っていました。ある時、「体が痛い」と言って、病院に行ったところ、緊急入院することになりました。その時92歳、軽い認知症でした。入院することになったので、入院費用が必要になるだろうと思い、両親が祖父の口座からお金を下ろそうと銀行に行きました。そしたら、お金を下ろすことができませんでした。両親はやはりダメだったと落胆しておりましたが、当然といえば、当然です。銀行としては、本人以外は本人の口座からお金を下ろすことは容認できません。

さて、検査の結果というと、祖父は末期がんであることがわかりました。もう手の施しようがない状態でした。病院もそのまま入院させておくわけにもいかないようで、自宅で療養することになりました。3ヶ月の自宅療養の後、祖父は天寿を全うしました。手術をすることもなく、検査後即退院したので、皮肉なことにお金があまりかかりませんでした。

祖父の死後どのようになったかというと、世の中でよくいわれている相続対策を講じていたので、問題なく、相続が終了しました。

そして、1周忌の後、両親がふと気づきました。お金を下ろすことができない期間が3ヶ月だったからよかったけど、この期間が10年続いていたら、どうなっていたでしょうか？

厚生労働省が発表している「平均寿命と健康寿命の差」というものがあります。この資料によると、平均寿命と健康寿命の差は約10年と書かれています。10年間は、誰かのサポートを得ながら、生きていくことになるということを意味しています。本当に3ヶ月でよかったという話なのです。

相続対策の前に、認知症対策が必要なのではないだろうか？　と考えた両親は、私に認知症対策を講じたいと言ってきました。両親と私でさまざまな方法を検討するなか、「家族信託®」という方法に出会いました。「家族信託®」はどんな方法なのかは、本文でくわしく述べていきますが、この方法を知っていくうちに、賃貸業を行う大家さんにとって、とても良い方法であることに気づきましたと。

しかし私は、もともと理系出身です。メーカーで研究開発を担当するエンジニアをしていました。大学に出向し、実験を行い、結果を学会で発表し、論文も書きました。バリバリの研究肌です。祖父から両親に賃貸業の経営手法やノウハウを承継されていれば、全く問題ありませんでしたが、何も承継されていなかったのです。そのため、不動産のことは全くわからない状態から勉強する必要がありました。不動産投資に関する本を読み、セミナーに参加し、いろいろな方の意見を聞きました。そして、賃貸借契約書なども読み込み、どういう意味であるのかを理解していきました。両親が相続した物件の管理会社が全く何もやっていないにもかかわらず、費用だけ請求するなど、要するに我々は管理会社に舐められていたこともわかりました。さあ、どうしようか？　と思っていた時に、あることが起きました。

それは、私の所属していた部署が組織改編によって、消滅することが発表されたのです。私は、バリバリの研究肌であったので、研究開発部門に異動すると思っていました。しかし、結果は、生産部門への異動を内示されたわけです。生産部門に異動すると、研究開発部門に戻ってくる可能性はありません。バリバリの研究肌の人間からすると、生産部門への異動は研究職のクビと言われたも同然です。しかも転勤です（私が勤めていた会社に部門をローテーションする文化はありません）。

さて、どうしたものか？

前途多難な賃貸業を引き継ぐか？

生産部門への異動を受け入れて、転勤するのか？

私は、ここで二者択一の選択を迫られました。研究者として、会社からクビと言われたのであれば、全然違う道に進んでみても良いだろうと思い、前途多難な賃貸業を引き継ぐことにしました。そして、賃貸業を引き継ぐ時に使用した方法が、家族信託®です。

これと前後して、不動産を体系的に学ぶことができる「不動産実務検定」と出会いました。不動産に関する税務、法律、ファイナンス、賃貸管理などを学び、さまざまな人と知り合いました。そして、親が相続した物件の管理会社を変更しました。新しい管理会社とは、コミュニケーションを密にし、常に物件の改善に取り組んでいます。

重要なことは、世の中でよくいわれている「相続対策」ではないということを実体験してきたわけです。なぜなら、祖父は、そのよくいわれている「相続対策」をすべて講じていたわけですから。


人生100年という時代において、高齢になればなるほど、認知症のリスクが高くなります。つまり、相続対策の前から認知症対策を実施する必要性が高まるということを意味しています。また、同時に財産だけを相続させれば終わりではありません。よくいわれている「相続対策」では、財産を相続させれば終わりというような風潮がありますが、果たして本当でしょうか?

相続した財産を有効に活用する必要があります。賃貸業であれば、経営手法、ノウハウ、人脈を承継する必要があります。私の祖父は、世間で言われている「相続対策」はしっかり実施していたにもかかわらず、次世代に承継できたとは言い難い状態でした。しかも、軽い認知症のため、資産を動かすこともできませんでした。果たして、財産を相続させれば終わりなのでしょうか？

このような経験から、私は大家さん、大家業を引き継ぐみなさんに相続や賃貸業で失敗して欲しくないという強い思いがあります。

現在では、この経験をセミナー等で伝えるとともに、コンサルティングを行っています。当事者側として私自身が経験してきたことを元に、大家さん、大家業を引き継ぐみなさんをサポートしております。

サポートを行いはじめて、初めて気づいたこともあります。両親は、資産を動かすことができない期間が3ヶ月でよかったと思っていますが、実際には、相続の手続が完了するまで何も動かすことができないのが実情です。つまり、わが家の場合には、3ヶ月＋10ヶ月＝13ヶ月もの間、資産を動かすことができない状態でした。その期間中、賃貸業において、修繕などお金が必要となることが常時なくて本当によかったと思っています。

大家さんには、わが家のような状態にはなってもらいたくないという思いを数多くのみなさんにお話ししていたところ、大家塾を主催する方々をはじめ、講演する機会をいただきました。現在までに数多くのご縁をいただき、現在までに延べ948名の皆様にセミナーやコンサルティングでかかわらせていただきました。それでもまだまだ伝え足りないのではないか？　と思っていたところ、本を書かせていただく機会を与えていただきました。

ここまでお読みいただき、大家の皆さんは令和という時代をどのように生きようと考えていますか？

わが家の経験は、平成時代に世の中でいわれている方法では、「不足である」ということが明らかになった事実です。

令和時代を生きる我々に対して、今までの方法だけで良いのか？　という課題が出され、その課題に対して、大家さんであればどのように対応するのか？　ということが問われていると感じています。

重要なことは、大家さん本人やその家族がどう考え、どのように対応するか？　ということであると考えております。

相続や不動産賃貸業で失敗したくない大家さん、大家業を引き継ぐみなさんにお読みいただき、少しでもお役に立つことができれば幸いです。

令和元年5月

認知症大家対策アドバイザー　岡田文徳

目次

第6章　家族信託®を組むために大家さんが行うべきことは3つ！

本文デザイン・DTP　トライアングル
イラスト　川田　あきひこ
装丁　二ノ宮　匡

第1章

なぜあなたの資産を動かすことができないのか？

1 あなたの家もこうなる!!

私の祖父は90歳になってからも、大家業を続けていました。きっと好きだったのだろうと思います。90歳を超えてくると、軽い認知症の傾向が出てくることはやむを得ない状況であると思います。事件は、祖父が92歳のときに起きました。「体が痛い」と言ったので、病院に連れて行きました。家族の皆がなんともないだろうと思っていましたが、緊急入院することになりました。入院日がわかっていれば、お金、服などすべてを準備できます。

しかし、それまで元気であり、全く問題ない状態から、突然、緊急入院となると、何をしたら良いかパニック状態です。とりあえず、入院費用が必要となるため、両親が祖父の口座からお金を下ろすために、銀行に行きました。結果は、お金を下ろすことができませんでした。両親にしてみれば、祖父のために祖父のお金を使うわけですから、何もやましいことはありません。一方で、銀行にしてみれば、祖父の口座から本人ではない人間がお金を下ろそうとしたわけですから、当然お金を下ろさせるわけにはいきません。両親もわかっていたことでしたが、「やっぱりダメだったか!」という感じでした。

その後、祖父はステージ4の末期がんであるということがわかり、3ヶ月療養のうち天寿を全うしました。

祖父は、90歳になる前に、相続対策を講じていました。

相続対策とは、相続税の対策が一番に思い浮かぶかもしれませんが、一番重要な対策は、遺産の分割対策です。つまり、遺言書をしっかり書いていたので、全く問題なく、もめることもなく、相続は終了しました。非常にありがたいことです。

祖父が亡くなってから、葬儀、相続、１周忌が終了すると、遺品整理を少しずつ行っているときに、ふと両親が気づきました。

お金を下ろすことができない期間が３ヶ月であったから、なんとかできたけれど、お金を下ろすことができない期間が10年も続いていたら、どうなっていただろうか。考えただけでゾッとする状況であると思います。わが家では、３ヶ月でしたが、もしかしたら、あなたの家では、10年になるかもしれません。

10年なんて大げさな話と考える方もいるかもしれませんが、平均寿命と健康寿命のデータを見たことはありますか？

健康寿命は、健康で日常生活に制限のない期間と定義されています。

平均寿命と健康寿命との差は、約10年です。この10年間は、誰かに手助けをしてもらいながら、生活することになります。場合によっては、認知症になることもあるかもしれません。何も対策せずに放っておくと、何もできなくなってしまうということになりかねません。

さて、わが家の大家業はどうなったのでしょうか？　大家業は、不動産賃貸業であり、経営しなければなりません。しかし、祖父が認知症になってから、賃貸業は何もかもできなくなりました。入居者との賃貸借契約はできない、原状回復もできない、修繕もできない、設備導入もできない……。本当に何もかもできなくなりました。その状態が3ヶ月で済んだから良かったと言いたいところですが、当時の私は、メーカーのサラリーマンをやっていたので、重要なことに気づきませんでした。専門家であれば当たり前のことですが、当時の私は、まったく知らなかったことです。実は、13ヶ月間何もできない状態が続きました。相続発生までに3ヶ月間、相続発生から10ヶ月間何もできない状態が続きました。相続が発生した後、遺産が誰のものになるか決まるまでの間（遺産分割協議が成立するまでの間）も、何もできない状態です。

相続発生後は、祖父の口座は凍結されていますので、銀行からお金を下ろすこともできません（預金の一部を下ろすことができる場合はあります）。

さすがに、13ヶ月間何もできないと、賃貸業であれば、支障が出ます。入居者との賃貸

図1-1　平均寿命と健康寿命の差

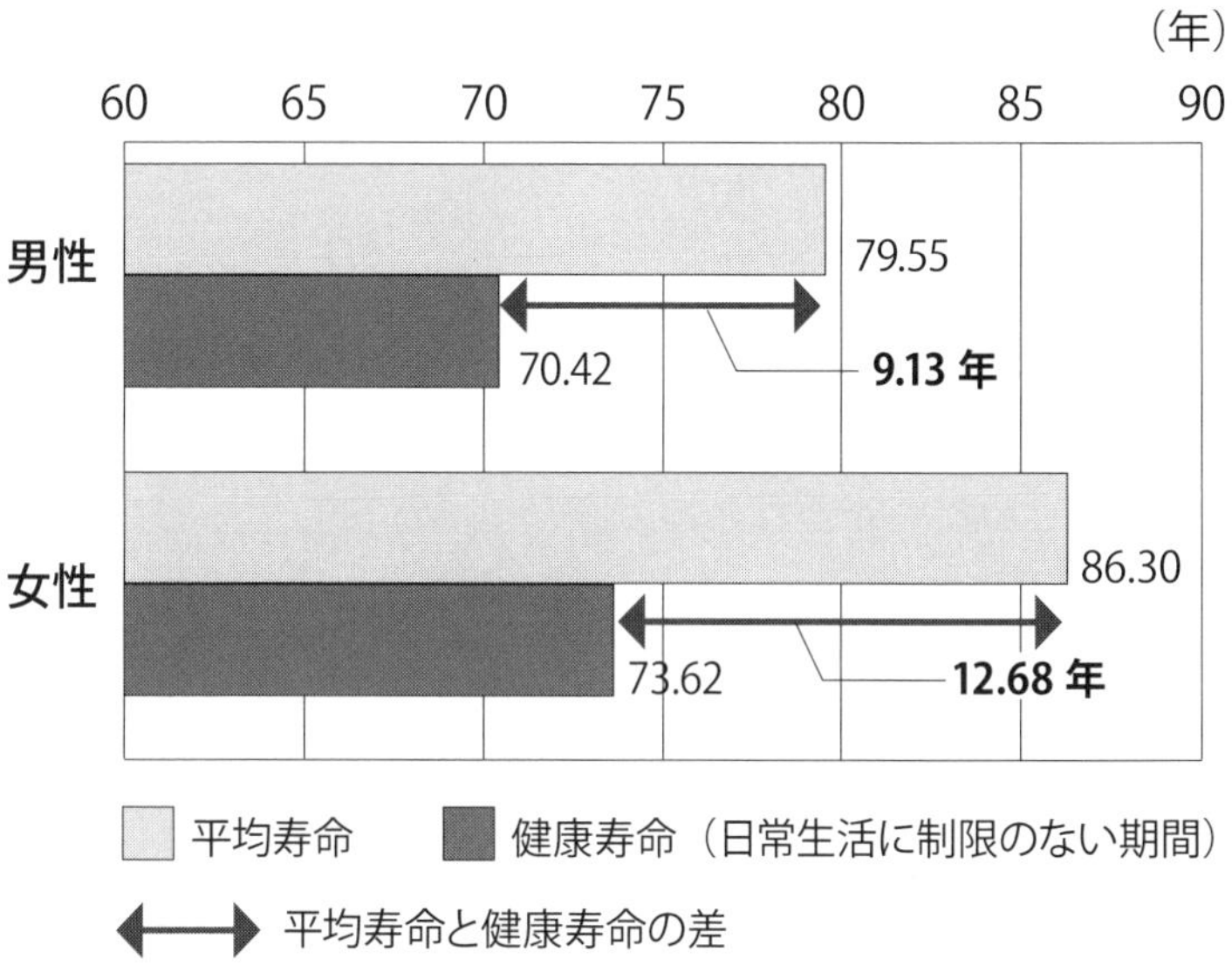

（資料：平均寿命（平成 22 年）は、厚生労働省「平成 22 年完全生命表」、健康寿命（平成 22 年）は、厚生労働科学研究費補助金『健康寿命における将来予測と生活習慣病対策の費用対効果に関する研究』）

参照：平成 24 年 7 月　厚生科学審議会地いき保険健康増進栄養部会　次期国民健康づくり運動プラン策定専門委員会

借契約の期間はだいたい2年間が多いので、契約更新の時期に当たったり、入居者が退去する場合もあります。昨今多い災害により、修繕が必要になる場合もあります。それでも、10年間何もできないよりは13ヶ月で済んだため、比較的問題なかったと言えるでしょう！

何も対策せずに放っておくと、10年間何もできなくなってしまうということになりかねません。一度、考えてみてください。

（参照：平成24年度司法統計）になります。

遺産分割の調停件数は、多くはありませんが、遺産の相談件数が思っていたよりも多いと感じたのではないでしょうか？　実際に調停、裁判などの表に出てきているものは氷山の一角です。調停、裁判になる前に解決する遺産分割もあるでしょう。

皆さんの周りで遺産分割において、もめたという話を聞いたことがありますか？　聞いたことがある方はあまりいないでしょう。ネガティブな話を他人に話すことはほとんどありません。愚痴くらいだと思います。しかも、完全な個人情報である遺産分割でもめた話を他人にするでしょうか？

おそらく、話すことはないでしょう！　だから、聞いたことがないわけです。士業やコンサルタントであれば、数多くの遺産分割でもめた話を聞いたことがあります。しかし、守秘義務があるので、個別の案件について話すことはありません。だから、皆さんが聞いたことがなくて、当然なのです。聞いたことがないからといって、対策をしなくて良いというわけではありません。一度、考えてみてください。

図 1-2 遺産総額と相談件数の割合

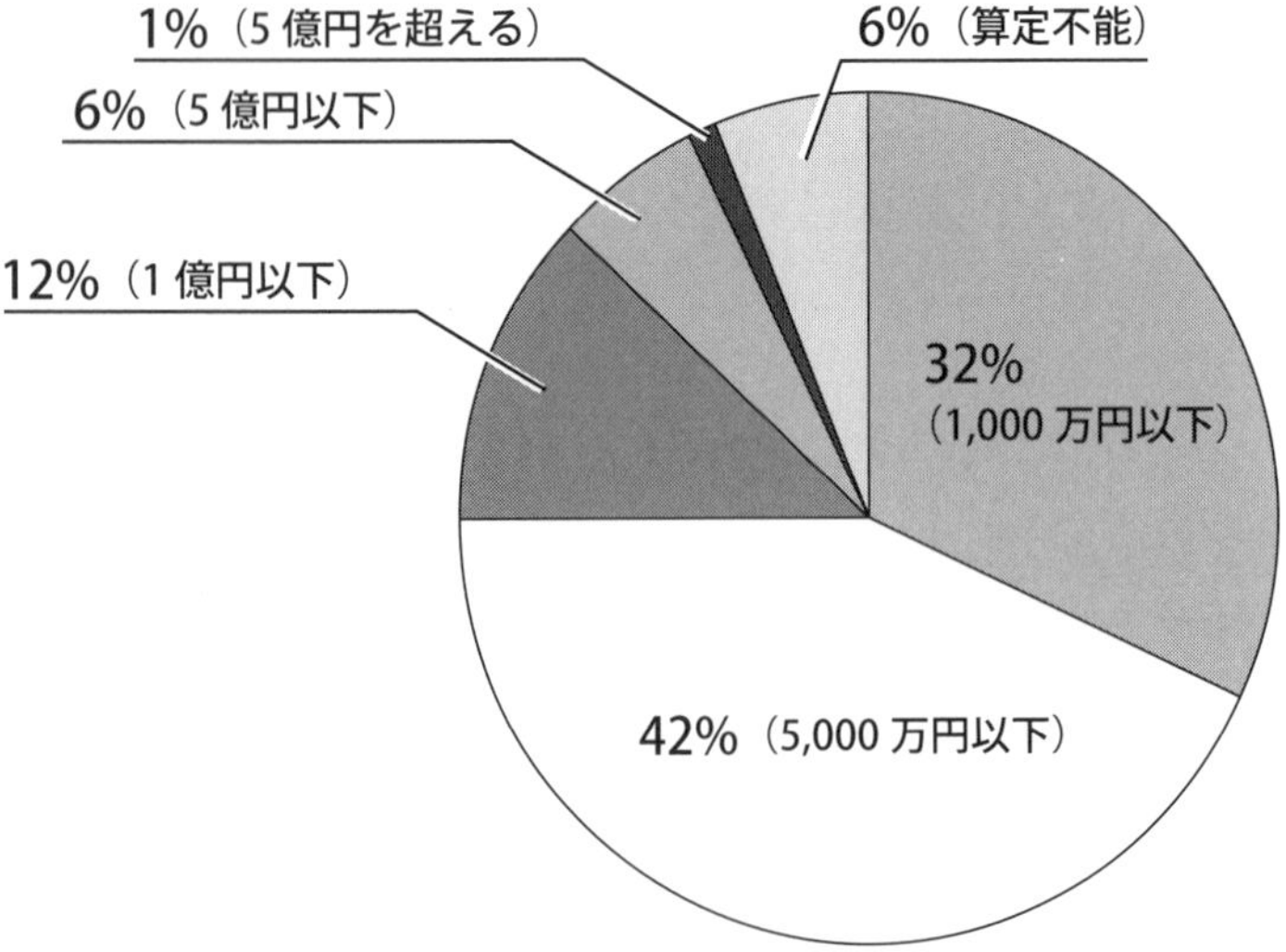

参照：平成 25 年司法統計　家庭裁判所における遺産分割による遺産価額別データをグラフに加工

3 人生100年時代には、相続対策だけでは足りない！

わが家の場合、祖父が相続対策を完璧に行っていたので、相続の時にはまったく問題が起こりませんでした。しかし、わが家に生じた問題は、相続が発生する前であったことをお話ししました。これからは、人生１００年という時代です。相続対策も重要ですが、相続対策の前にやらなければならない対策が増えたということになります。

これからの相続対策は、次の５種類になります。

①相続税の対策
②遺産の分割対策
③納税資金の対策
④認知症対策
⑤承継者対策

大家業を行っている場合には、④認知症対策は必須になると思われます。認知症対策をしてておかない状態で、大家さん本人が認知症になってしまうと、何もできなくなってしまうからです。入居者との賃貸借契約はできません。原状回復もできません。修繕もできません。設備導入もできません。入居者から修繕のクレームが来ても、修繕できなくなってしまいます。不動産の管理会社、大家さんの家族としては、修繕したいと思っていたとしても、修繕できません。

現在は、賃貸住宅が増加し、人口が減少している状況においては、入居者が賃貸住宅を選択することができる状況です。このような状況において、修繕しない物件に入居者がそのまま住むでしょうか？　修繕してくれなければ、新しい物件を探すことができる状態ですから、退去する可能性が高いと考えられます。退去後には、原状回復もしなければなりませんが、何もできません。新しい入居者との賃貸借契約はできません。賃貸業は、入居者に入ってもらって、はじめて賃料を得ることができる事業ですから、入居者が入らなければ、事業になりません。一方で、金融機関からの借入れは返済しなければなりません。入金額は減る、返済額は減らないわけですから、事業になりません。どうすれば良いのか？この後でお話をしていきたいと思います。

一方で、⑤承継者対策も必要です。「大家業＝不動産賃貸業」は、事業ですから、事業としての承継も必要となります。大家業の初代の方は、自ら勉強し、行動し、ノウハウを蓄積してきたという自負があるでしょう。ただ、自分ができたのだから、次の世代もできるであろうと考えがちです。しかし、大家業の2代目、3代目の方は賃貸業を経営できないことが多いのです。それは、2代目、3代目に勉強したこと、行動してきたこと、蓄積してきたノウハウを伝えていないからです。また、人脈を承継していないこともあげられます。2代目、3代目が自ら勉強し、ノウハウを蓄積し、人脈を構築していけるほど、バイタリティーのある方であれば、問題ないかもしれませんが、多くの2代目、3代目は、初代がやってきたことを見ているからできるだろうと考えてしまいます。見ている状態とやってみるのでは大違いです。

さて、わが家ではどうだったのか？　祖父から母に不動産が相続されました。しかし、母は管理会社との窓口にはなっていたものの、賃貸業に関するノウハウなどを祖父から承継していませんでした。祖父が亡くなってから数年間は、問題なく賃貸業を経営できているようでした。

不動産は、時間が経つと経年劣化していきます。設備も古くなり、故障する場合も出てきます。世の中のトレンドも変わっているので、今までと同じ賃料では、入居者が決まりません。祖父の時に入った入居者からは、賃料の減額を迫られたり、「設備を新しくしてほしい」と言われたり、「祖父のときは対応してくれた」と言われることもありました。契約書などをみる限りでは、祖父は賃料減額に対応した形跡はありません。賃料は契約書に記載されるものなので、形跡をたどることはできますが、契約書にすべてを記載しているわけではありません。そして、聞かされていない母としては、入居者が言っていることが本当なのか、うそなのかも判別がつきません。すると、管理会社に頼ることになります。

管理会社が中立の立場に立ってもらえれば良いですが、多くの場合、どちらかに偏ることになります。わが家の場合には、管理会社が一方的に入居者側につきました。それも、相続した母が不動産の知識、ノウハウを祖父から承継してこなかったことが大きな要因です。つまり、資産だけを相続しても、「大家業＝不動産賃貸業」がうまくいくとは限らないということを示しています。

このような状態であったため、私が不動産の知識を勉強し、さまざまな人脈を構築し、新しい管理会社を変更したことによって、大きな問題は解決できました。多くの入居者は、きれいに使用してくれるので問題ないのですが、まだ、前の管理会社が入れた入居者とのトラブルもあります。わが家では、不動産の勉強をしなかったこと、知識、ノウハウを祖父から承継してこなかったことに対する大きな勉強代と考えています。

さて、みなさんの家は絶対にこのような状態にならないということができるほど、対策を行っているでしょうか？　このような状態になると、賃貸業の経営がうまくいかず、お金が出ていってしまいます。最悪、不動産を手放すことになります。ですから、事業としての承継が必要となります。これを機に一度考えてみてください。

4 認知症対策から相続対策までトータルで行おう!!

人生100年時代には、5種類の相続対策を行う必要があることをお伝えしました。しかし、その前に理解しておく心構えが2つあります。

(1) 大家さん本人の心構え

まずは、大家さん本人の心構えとして、次の3つが考えられます。

①自分が認知症などサポートを必要とする場合に備えて、サポートしてくれる家族がお金などを使えるようにする
②資産だけではなく、想いも次世代に渡し、家族の繁栄を考える
③次世代が資産を有効に使えるように、法律的な手続、教育を行う

当たり前のことをいまさらと思うかもしれませんが、これを機に再確認してもらえるとありがたいです。

①自分が認知症などサポートを必要とする場合に備えて、サポートしてくれる家族がお金などを使えるようにする

わが家の事例のように、祖父が認知症になったときに、両親がサポートしようと思ってもできませんでした。とくに、「大家業＝不動産賃貸業」であり、事業ですから、経営が滞ってしまうと、賃料が入ってこない状態になりかねません。ですから、サポートしてくれる家族がお金を使えるように、賃貸業を滞りなく行うことができるようにしておくことが必要です。

②資産だけではなく、想いも次世代に渡し、家族の繁栄を考える

わが家の事例でもお伝えしたように、資産だけを相続しても、「大家業＝不動産賃貸業」がうまくいくとは限りません。

どのような想いで不動産の知識、ノウハウ、人脈を構築していったのか？

どのような想いで資産を次世代に渡し、子々孫々まで繁栄してもらいたいと考えているのか？

自分が存在する以前に、数多くの先祖が存在するわけです。そして、子々孫々まで繁栄してほしいと心から願っているはずです。その想いを次世代に伝えなければなりません。

③次世代が資産を有効に使えるように、法律的な手続、教育を行う

サポートしてくれる家族や次世代に想いを伝えたとしても、実際に行動できるようにしなければ意味がありません。そのためには、第三者にもわかる形にする必要があります。これが法的な根拠を持つということです。そのためには、法的な手続ということが必要になります。

また、次世代に子々孫々まで繁栄してほしいという想いだけを伝えても意味がありません。不動産の知識、ノウハウ、人脈を承継するとともに、構築するまでのプロセス、想いも伝えることが必要です。「大家業＝不動産賃貸業」には、王道と世の中のトレンドがありますので、しっかり次世代に伝えることが重要です。

（２）引き継ぐ大家さんの家族の心構え

一方で、資産を引き継ぐ大家さんの家族にも心構えが必要です。

①大家さん本人の資産を自分の資産であると勘違いしない
②家族が繁栄していくために資産を活用する
③大家業を事業であると理解し、勉強と改善を行う

これも当たり前のことをいまさらと思うかもしれませんが、相続の当事者になると、忘れてしまう方が多いことは残念でなりません。

①大家さん本人の資産を自分の資産であると勘違いしない

大家さん本人の資産について、相続対策の相談に来る大家さんの家族の多くは、家族のために相続対策が必要であると思い、相談に来られています。しかし、残念なことに自分に有利になるようにするために、相続対策を行おうとする方がいます。独り占めしようとする方もいます。すでに自分の資産であるかのように考えている方もいます。

もし、次世代が同じように現在の資産は自分の資産であると考えていたとしたら、資産を引き継がせたいと考えるでしょうか？

自分が資産を引き継ぐ側の立場では、なんとも感じないかもしれませんが、自分が資産を渡す側の立場では、引き継がせたいと思わないのではないでしょうか？　このような考えが少しでもあるようであれば、考え直してもらいたいと想います。

②家族が繁栄していくために資産を活用する

自分が存在する以前に、数多くの先祖が存在しています。先祖がいなければ、今の自分は存在しません。そして、子々孫々まで続いていくと当然のように考えていると思います。そのためには、子々孫々に至るまで繁栄するためには、家族が繁栄するために資産を活用するべきです。

③大家業を事業であると理解し、勉強と改善を行う

「大家業＝不動産賃貸業」は、不動産を活用した事業です。事業であるからには、不動産の知識、ノウハウ、人脈などがさまざまなことが必要です。常に勉強と改善を行いましょう！

（3）相続とはなんだろう

相続の話をしてきましたが、そもそも相続とは何か、ご存知でしょうか？

「相続」という言葉は、もともと仏教の言葉です。仏教では、「この世界のあらゆるものごとは、姿かたちを変え変転するが、決して絶えることは無く、永遠に連続する」という考え方をしています。つまり、想いは引き継がれるということです。この考え方をふまえると、相続という言葉の語源は因果が連続して絶えないことです。

持ち主は変わるけれど、想いが引き継がれるからこそ、資産は資産として引き継がれるわけです。

ご先祖様が資産だけでなく、想いも引き継がせようと考えていたから、大家業を引き継ぐことができるわけです。ご先祖様が子孫繁栄のために、資産を有効に使ってきたからこそ、今みなさんがここに存在するわけです。ですから、子々孫々に至るまで繁栄するためには、家族が繁栄するために資産を活用し、想いも引き継いでいく必要があるわけです。

（4）宝くじと相続？

大家さん、もし資産の活用方法、不動産の知識、ノウハウ、人脈などを承継せずに、資産だけ相続するとどうなると思いますか？

この状況とよく似た例として、宝くじが当たった場合があります。宝くじが当たった場合は、突然お金が入ってきます。高額であればなおさら、使ったことがない大金です。すると、使い慣れていないお金なので、今まで欲しいと考えていたこと、行きたいと考えていた場所、食べたいと考えていたものにお金を使い始めます。

年末ジャンボ宝くじでは、1等前後賞合わせて10億円です。1年間に2000万円使っても50年間、1年間に5000万円使っても20年間は、宝くじで当たったお金が存在している状態です。計画的に使うことができれば、全く問題ありません。しかし、そもそも計画的に入ってきたお金ではなく、突然入ってきたお金ですので、計画的に使うことができる方は稀で、入ってきた分だけ使ってしまう方がほとんどであるといわれています。

これはあくまでも宝くじの当せん金であって、相続のときは違うといわれるかもしれません。相続対策のときに、生前贈与として、次世代にお金を贈与するということがあります。私が出会った事例では、100万円を贈与しようと考えていました。お金をあげた側は、無駄遣いすることなく子孫繁栄のために、有効に活用してもらいたいと考えてお金をあげています。一方で、お金をもらった側は、冷蔵庫が古くなってきたので、買い換えようと思っていたところでした。このままだと、冷蔵庫を買い換えるためにお金を使うことになります。私はこの事例では、冷蔵庫を買うことなく、有効に活用してもらうために、プランニングしました。生前贈与においても、突然お金が入って来るということには変わりありません。入ってきた分だけ使ってしまうケースは多いといわれています。

相続であれば、生前贈与よりも高額な遺産になりますので、資産を有効に活用してもらうためには、相続対策、教育、承継が必要になりますので、考えていきましょう！

(5) ノーベル賞と相続？

資産を有効に活用するとともに、想いも引き継ぐことができた事例はないのでしょうか？

毎年10月ごろに非常に話題になる世界で一番有名な栄誉ある賞がありますよね。みなさんご存知のノーベル賞です。ノーベル賞は、アルフレッド・ノーベルの遺言に基づき、各分野において、多大なる功績を達成した人物に授与されるものです。ノーベル賞が始まったのは１９０１年ですから、１１０年以上経っています。１１０年以上の間、ノーベルの想いを引き継ぎ、ノーベル賞を続けてきたことになります。そして、今後も続いていく賞でしょう。私は、ノーベルの想いだけでは実現できなかったのではないかと思います。ノーベルの想いを人々にわかるように形にする、そして、その想いに共感した方々に行動してもらうことによって、実現し、現在まで引き継がれ、世界中の人々から共感される世界で一番有名な栄誉ある賞になったのではないかと思います。想いを形にするものとして、ノーベル財団を作り、ノーベルの想いを引き継いできたわけです。

大家さんにおいても、ノーベルのように莫大な資産を持っている場合であれば、財団を作り、社会に貢献するということはありえると思います。しかし、多くの大家さんにおいては、ノーベルのように莫大な資産があるわけではありませんし、財団のような大それたものは必要ではないでしょう。

でも、家族や子孫繁栄のために活用してもらいたいと願うわけです。

（6）今注目されている認知症対策

今、認知症対策として、家族信託®という注目されている方法があります。また、家族信託®は資産の承継者対策としても、非常に有効な方法です。この家族信託®を用いることにより、今までぶつ切りにされていた相続対策を認知症対策から承継者対策までトータルで行うことができます。大家さんにとっては、画期的な方法です。

現にわが家では、祖父の認知症、相続の経験から、両親が認知症対策を行いたいと私に話してきました。さまざまな方法を調査した結果、家族信託®が一番しっくりきたようですので、家族信託®を利用して、認知症対策から承継対策までトータルで行いました。

家族信託®を組むには、まず契約書を作成する必要があります。契約書の内容は、近い将来のことからいまだ生まれていない子どものことなど、多岐にわたるところまで考えて、作成していきます。両親の意向と実際に家族信託®でできることをふまえながら、契約書を作成していきます。こちら側が気づいていないこと、司法書士の先生も気づいていないことが出てきます。そのため、司法書士と契約書の内容をこと細かく何度も修正しながら作成していきました。このような経験から、家族信託®の契約書を作成したことがない士業の先生よりも私のほうが実務的なことを理解していると思います。

私は、もっと大家さん側に寄り添う人間がいても良いのではないかと考え、現在では、相続対策をトータルでコーディネートしています。大家さんの気持ちは大家さんが一番わかるという思いで、サポートしています。このように書くと、不動産会社や士業の先生が悪いというように聞こえるかもしれませんが、決してそうではありません。実際には、不動産会社や士業の先生に依頼しないと進まないことがほとんどです。誰が良いとか悪いとかという話ではないと思います。

次章からは、大家さんがどのように家族信託®を利用できるかについて説明していきます。

コラム1

相続税対策として本当に不動産は有効なのか

「相続税の対策として、不動産が有効であるか?」ということをよく聞かれます。有効であることは多いですが、相続税対策だけを考慮すれば良いのかということが重要です。

まず、相続税の圧縮対策を行う前に、一番重要なことがあります。

本当に相続税の圧縮対策が必要であるか? ということです。

相続税の圧縮対策が必要だと思ったとしても、各種特例や控除を使用することにより、相続税を支払う必要がないと予測される方もいますので、相続税の事前対策を行う前に必ず確認してください。

それでは、相続税の圧縮対策が必要であると予測された場合、数多く使用される方法は、不動産を購入することです。とくに、賃貸用の不動産を購入することを行います。

不動産を購入するので、借入れを行う場合が多いです。

ただし、借入れを行うことが相続税の圧縮対策であると勘違いしている方がいます。借入れを行っても相続税の圧縮対策にはなりません。

金融機関から5000万円借り入れたとしても、金融機関の口座に5000万円入れたままであれば、5000万円の現金と5000万円の負債を同時に所有しているだけなので、差し引きゼロです（金融機関に支払う利息分は考慮しておりません）。

金融機関から借り入れた5000万円を用いて、不動産を購入することによって、相続税の圧縮対策になる可能性が出てきます。

5000万円で購入した不動産の相続財産としての評価額が、5000万円よりも低い評価額になれば、相続財産の圧縮効果があったということになりますので、相続税の圧縮対策となるわけです。

また、賃貸不動産の土地の評価では、貸付事業用宅地等に該当すれば、小規模宅地等の特例を受けることができる可能性があります（相続財産における不動産の評価額においては、さまざまな計算を必要とします。詳細は、国税庁のHPもしくは税理士に聞いてください）。

したがって、相続税の圧縮対策では、相続財産を圧縮することが必要である、そして賃貸不動産を購入することによって、相続財産を圧縮することができる可能性がある、ということです。

しかし、賃貸不動産であればなんでも良いというわけではありません。相続税における基礎控除が減額されたことにより、賃貸不動産が大量に増加しました。また、低金利と昨今の不動産投資ブームにより、不動産価格が高騰しています。

一方で、賃貸不動産が大量に増加したことにより、空室率が10％よりも高いエリアや家賃は値下げ競争になっているエリアもあります。

金融機関から融資をしてもらい、賃貸不動産を購入すると、家賃から返済をすることになります。高い価格で購入し、得られる家賃が少なくなれば、金融機関への返済も難しくなります。返済が不可能になれば、抵当権に基づいて、金融機関が競売等の手続を行い、融資したお金を回収しようとします。つまり、自分の所有物ではなくなるということです。

相続税の対策を行ったのは良いが、金融機関への返済が不可能になり、自分の所有物でなくなれば、資産が減少します。

相続税の対策は、次世代に資産を引き継ぐために相続財産を圧縮することであり、そもそもの資産を減らすことではありません。資産が減ってしまっては、何のために相続税の対策を行ったのか、わかりません。

ここで忘れてはいけないことがあります。金融機関は、基本的に投資にお金を貸しません。事業にお金を貸します。

「不動産投資」という単語によって、賃貸不動産を所有することは、賃貸業という事業であるということが見えなくしてしまっているという側面があります。

改めて賃貸不動産を所有することは事業であるということ、つまり経営するという意識が必要です。

賃貸業の経営には、知っておかなければならないことが数多く存在します。

・不動産に関連する法規
・税務
・ファイナンス
・営業手法
・管理

など、まだまだ数え切れないほどの項目があります。

すべてを細かく知る必要はありませんが、すべてを満遍なく知っておく必要はあります。

そのうえで、管理だけお任せするということは必要であれば行うということになります。

流行りのサラリーマン大家さんにおいても、非常に努力をされている方がたくさんいます。休日のときに、物件を見に行ったり、不動産会社に営業したり、セミナーに行って勉強したり、知り合いの大家さんと情報交換したり、努力されています。このような努力は他人には目に見えないことですし、あえて言うこともありませんし、努力であるとさえ思っていないこともあります。また、家族も理解していることがほとんどです。

このような努力の結果、しっかり経営することができ、サラリーマンをやりながらでも成立しているということです。

片手間で簡単にできると、決して勘違いしないほうが良いでしょう!!

第2章

なぜ大家さんにとって、家族信託®が使いやすいのか？

1 まずは、家族信託®でできることを知ろう‼ 〜一番使われている認知症対策を知る〜

家族信託®では、どのようなことができるのか、理解する必要があります。現在考えられる主なものをあげます。

①認知症対策
②資産の分割対策
③承継者対策
④管理上の不動産の共有解消
⑤障がい者対策
⑥ペット対策

その他にもさまざまな対策に家族信託®を用いることができると、専門家が日々、研究をしています。

大家さんにとっては、①から④に関する対策がメインになると考えられます。また、①から③の対策が人生100年時代に必要なる相続対策になります。

それでは、今までの相続対策と家族信託®を用いた場合でどのような違いが出てくるのかを説明していきます。

今までの相続対策では、各対策がぶつ切りになっていました。

たとえば、

- **遺産の分割対策としての遺言書**
- **認知症になってしまってからの法定後見**
- **亡くなってからの遺言執行**
- **次の世代に移ってからの二次相続対策**

これらがぶつ切りになってしまうと、対策をしようと思っても、自分自身で一つ一つ対応する必要があります。

しかし、家族信託®を用いると、トータルでカバーすることが可能です。

・遺言機能による分割対策
・認知症対策
・信託財産の次世代への移転
・次世代に移ってからの二次相続対策

を行うことが可能です。

図 2-1 相続対策の流れ

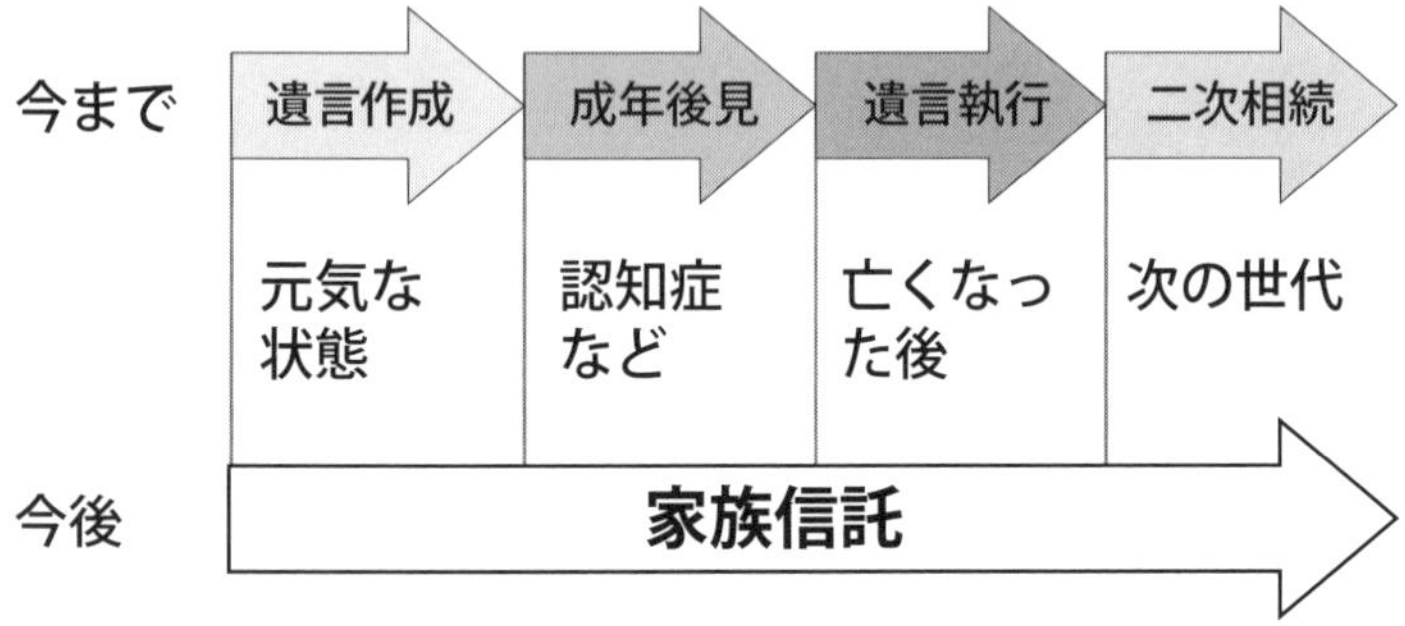

まずは、大家さんとして必ずやっておくべき、認知症対策についてお話をしていきます。前章でお話をしたように認知症になってしまうと、契約事項ができなくなります。契約事項ができなくなるということは、銀行口座からの引き出し、不動産の売買契約、賃貸借契約、管理委託契約、修繕、設備導入など、不動産に関するあらゆることができなくなります。契約事項ができなくなってしまうと、誰が困るのか？　ということが重要です。

- **大家さん**
- **不動産管理会社**
- **入居者**

大家さんは、入ってきた賃料を使うことができません。修繕、原状回復など賃貸業において必ずやらなければならないことができなくなります。

賃貸業専業である場合には、生活に支障が出てきます。トラブルがなければ問題ありませんが、トラブルが起きた場合には、対応する必要があります。対応できない場合には、最悪入居者が退去することも考えられます。退去されてしまうと、賃料が入ってこなくなりますので、売上が減ることになります。

不動産管理会社は、トラブルがない時には全く問題ありませんが、未来永劫にわたり、トラブルが起きないということはあり得ません。トラブルが起きた場合には、大家さんに連絡し、判断してもらわなければなりません。

しかし、大家さんが認知症で対応できない状態になってしまえば、管理会社は何も対応することができません。しかも、入居者からのクレームがあったとしたら、対応する必要があるにもかかわらず、まったく対応することができません。大家さんが認知症であり、クレームに対して対応することができないということは、入居者にとっては、まったく関係のないことです。管理会社は、大家さんと入居者の間で板挟みになってしまいます。板挟み状態で何も対応することができない物件に、あえて力を入れて管理しようとは思わないでしょう。

入居者は、不動産で修繕が必要になった場合には、管理会社に連絡をします。クレームに対応してくれれば、問題ないと思いますが、クレームに対応しない場合には、最悪退去することになります。現在は、賃貸住宅が過剰に供給されている状態ですので、退去して、新しい住居に引越しすることが可能です。退去時に、クレームに対応してくれなかったということで、何かしら大家さんに要求してくる場合も考えられます。

つまり、大家さん、管理会社、入居者の誰も得しないということがおわかりになると思います。

それでは、家族信託®を行うことによって、次のことが可能になります。

- **賃貸業を続けることができる**
- **大家さん、不動産管理会社、入居者の全員が得をする**

大したことなさそうですが、家族信託®を行った場合と何も対策をしなかった場合とを比較してみましょう！

2 家族信託®を用いた場合と用いない場合は大違い!!

大家さんにとって、認知症対策において、家族信託®を用いた場合と用いない場合では大きな違いが出てきます。認知症に関わる法律部分を確認してみたいと思います。

家族信託®を用いた場合と用いない場合では、関係する法律が異なります。

家族信託®を用いた場合は、信託法になります。

一方で、家族信託®を用いない場合には、民法になります。

これは、大きな違いです。

民法は一般法であり、信託法は特別法です。一般法と特別法では、特別法が優先されます。特別法の定めや矛盾しない範囲で一般法の規定が適用されます。２００６年に信託法が改正されてから10数年しか経過しておりません。民法の範囲と信託法の範囲で裁判が起きたこともほとんどありません。今後、民法の範囲と信託法の範囲で裁判がおきた時の判決を判例として、確認していくことは必要であると考えます。

認知症対策で家族信託®を用いた場合にどうなるのか？　確認していきましょう！

家族信託®の目的は、財産を管理することだけです。「財産の管理」といっても、財産の運用、処分といえるでしょう。そして、家族信託®を組むためには、財産を所有している大家さんと不動産を含めた資産の管理を任せる人（多くの場合、子ども世代の家族）との間で信託契約を結ぶ必要があります。なぜなら、資産の管理を任せる人を大家さん本人が決めることができるからです。

大家さんが決めることができるということは、本当に大家さん本人が資産の管理を任せる人を決めたかどうかを証明する必要があります。

民法では契約自体は、契約関係となる両者が合意することによって、成立しますので、口頭でも成立します。大家さん本人が認知症になってしまってからでは、大家さんと資産の管理を任せる人との間で合意することができませんので、契約することはできません。なぜなら、大家さんが認知症であるということは、契約内容について判断することができない状態です。それでは、契約内容について、合意することはできません。そのため、認知症になってしまうと、契約を締結することができなくなります。これは、信託契約だけに限らず、すべての契約事項において、締結することができなくなることを意味します。

また、口頭では、「言った」「言わない」の問題になりかねません。ですから、信託契約の内容を契約書という形で残しておく必要があります。ただ、契約書を残せば良いというわけではありません。大家さんが資産の管理を任せる人と信託契約するときに、大家さん本人が認知症ではなかったことを証明する必要があります。

もし、信託契約を締結したときに大家さんが認知症であったのであれば、信託契約は無効になりかねません。ですから、信託契約を締結する時に大家さんが認知症でなかったことを証明しなければなりません。そのためには、公証役場において、公証人の先生の前で宣誓認証するか、公正証書として信託契約書を作成することによって、公証人の先生が信託契約を締結するときに大家さんが認知症でなかったことを証明することになります。

むしろ信託契約を締結するときに、大家さんが認知症でなかったことを公正証書で信託契約書を作成することによって、初めて信託契約が締結できると考えておいたほうが良いでしょう。

また、信託契約を行うと、不動産の所有権が名義と受益権という2種類に分離します。資産の管理を任せる人が名義を持つことになります。これについては、後ほどくわしく説明します。

大家さんとして、一番気になることとしては、相続税の節税対策や資産運用を行うことができるかどうかということでしょう。信託契約書の内容に不動産の運用、処分、その他資産の運用などを記載しておくことが必要となりますが、原則、相続税の節税対策や資産運用を行うことができると考えられます。ただし、借入れについては、気をつける必要があります。第5章においてくわしく説明します。

大家さんが認知症になってしまった場合に、悪徳な訪問販売やオレオレ詐欺などに巻き込まれてしまった場合には、どうなるでしょうか？

大家さん本人であれば、取り消しすることが可能です（クーリングオフなどの条件はあります）。

一方で、資産の管理を任せる人には、取り消しすることができません。これはかりはどうしようもありません。しかし、資産の管理を任せる人に多くの資産を任せておけば、お金を増やすことができない、買ってもどうしようもない不動産、車、宝石など、高額な商品を購入させられる可能性は少なくなると考えられます。ただし、資産の管理を任せる人を、お金を増やすことができない、買ってもどうしようもない不動産、車、宝石など高額な商品を購入してしまうような人にすることは、論外ですよ！

家族信託®を組むと裁判所から何か言われることはあるでしょうか？

原則として、裁判所から何か言われることはないと考えられます。絶対に何も言われないかというと、そういうわけでもありませんが。

たとえば、資産の管理を任せる人の他に大家さんに子どもが存在し、その子どもが家族信託®を組んだことをまったく知らされていなかったとしたら、その子どもはどう思うでしょうか？　なんか嫌ですよね！　信託契約を締結するときに大家さん本人が認知症であったと主張して、信託契約書が無効であると主張して訴訟を起こした場合には、裁判所が関与することがあるでしょう。裁判所が関与することがないようにするためには、大家さんの家族で必ず話し合いを行いましょう！　大家さんの考え、気持ちを整理して、家族に伝えるとともに、家族の考え、気持ちを整理して、家族全員で話し合いを行うことが必要です。形の上で家族信託®を行っても、中身と各関係者の想いが同じ方向性を向いていないと、家族信託®を行っても、まったく意味がないことを覚えておきましょう！

一方で、家族信託®を用いない場合には、民法の範囲になり、不動産を売却するなどの行為を行うためには、後見制度を利用することになります。

後見制度には、「後見」、「保佐」、「補助」という3段階があります。今回は、「後見」について説明をしていきます（「保佐」、「補助」については、割愛します）。

大家さん本人が何も対策をせずに認知症になってしまった場合には、大家さんの資産を動かすことができなくなります。そのため、次のような対応が考えられます。

- 大家さん本人の不動産を含めた資産を凍結させたままにしておく
- 法定後見制度を申し立て、法定後見人をつけることができる

大家さん本人の不動産を含めた資産を凍結させたままにしておくことは、本書では割愛します。実際には、不動産に関して、所有者の責任が出てきますので、放置させたままにできるかどうかはわかりません。そのまま放置するケースは少ないかもしれません。

法定後見制度を申し立て、法定後見人をつけることができます。法定後見人をつける場合にどうなるのか？　確認していきましょう！

法定後見の目的は、財産管理と身上監護です。家族信託®と法定後見のどちらにおいても「財産管理」と表現されています。法定後見における財産管理は、大家さん本人の財産の保護が目的と考えたほうが良いです。「保護」という漢字からわかるように、原則として、財産が減少するようなことは、行うことはできないということです。ですから、家族信託®と法定後見における財産管理は、まったく意味合いが異なります。大家さん本人が生活するために必要な最低限の費用を使うことができるにとどまると考えたほうが良いでしょう！

また、身上監護とは、法定後見人がついた大家さんの生活、療養、介護などに関する法律行為を行うことです。法定後見人がついた大家さんの住居の確保、施設等への入退所の手続、治療、入院の手続などが該当します。身上監護については、家族信託®にはない目的になります。

家族信託®と異なり、契約は必要ありません。むしろ、大家さん本人が何も対策をせずに認知症になってしまった場合を想定しているので、契約関係がない場合に使用するものであると考えるほうが正しい理解かもしれません。

それでは、法定後見人は誰になるのでしょうか?

平成28年1月から12月までに東京家裁立川支部において開始された後見等事件において選任された後見人等の割合は、**図2－2**のように発表されています。

親族が法定後見人に選任されることが少ないということがわかります。法定後見人は裁判所が決めています。ですから、誰が選任されるかわかりません。大家さんの意思や家族の意思が反映されるとは限りません。実際には、反映されないということが多いようです。

法定後見人がついたとしても、財産の所有者は、本人のままです。ですから、不動産の所有権は、大家さん本人のままになります。

図 2-2

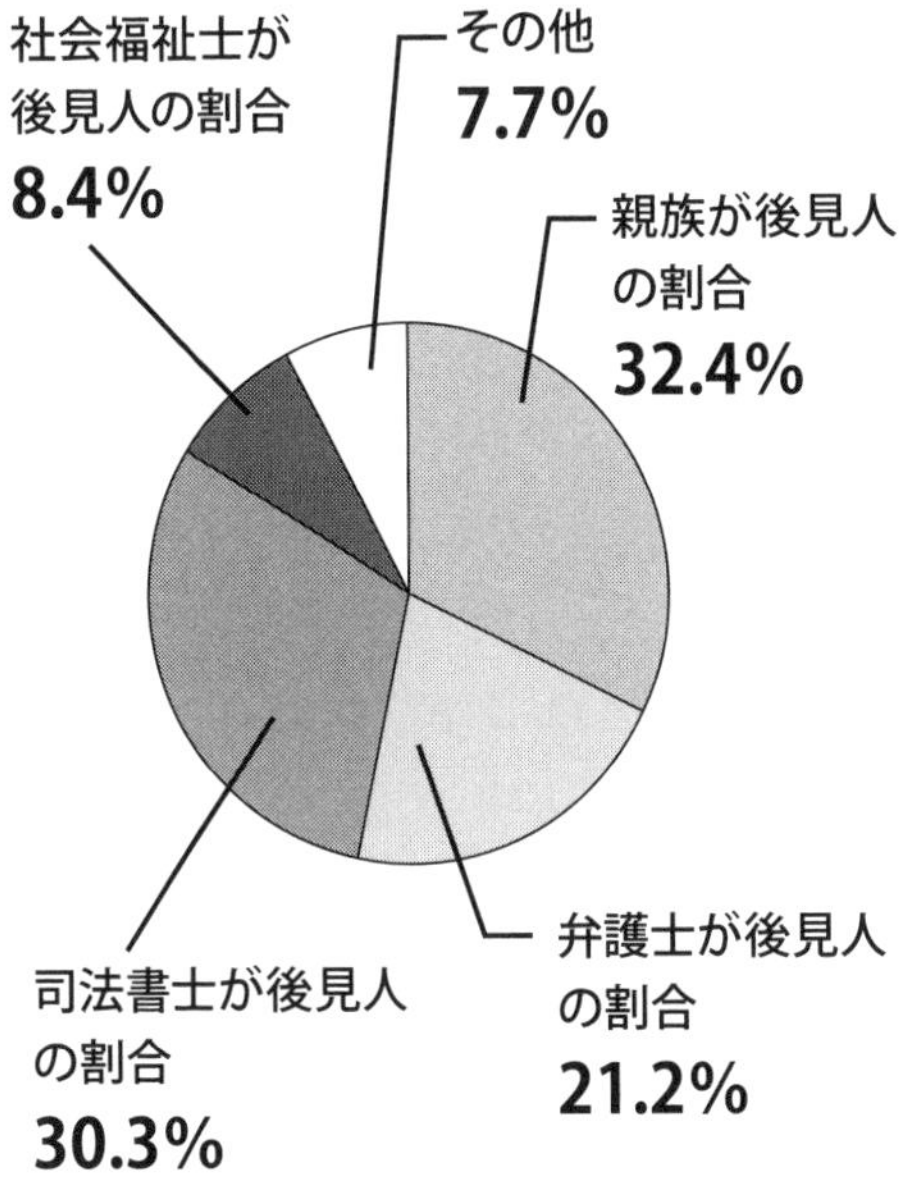

そして、大家さんとして、一番気になることとしては、相続税の節税対策や資産運用を行うことができるかどうかということでしょう。先ほども説明したように、法定後見における財産管理は、大家さん本人の財産を保護が目的です。相続税の節税対策を行うという

ことは、大家さんの財産を減らす方向に行うものです。つまり、法定後見人がついた場合においては、相続税の節税対策を行うことは、不可能であると考えたほうが良いでしょう。

それでは、資産運用はいかがでしょうか？　資産運用は、資産を増やすために行うものですので、認められるのではないかと考える方もいるのではないかと思います。しかし、資産運用も認められないと考えるべきです。資産運用においては、100％資産を増やすことができるとは限りません。資産が減るかもしれないリスクを取る代わりに、資産を増やすことができるわけです。

たとえば、株式投資を考えれば、わかりやすいでしょう。株式を購入した後で、株価が下がれば、資産は減少することになります。必ず株価が上がるわけではありません。したがって、資産運用も不可能であると考えたほうが良いでしょう。法定後見人がついた場合においては、本当に資産を動かすことが不可能になると考えたほうが良いでしょう。

その代わり、法定後見人は、取り消しすることができます。これは、法定後見人であるからこそ、可能であることです。

法定後見人を裁判所が決めるわけですから、裁判所が関与することになることは理解できるでしょう！

絶対に忘れてはいけないことは、一度、後見制度を使用して、法定後見人をつけてしまうと、本人が亡くなるか判断能力を回復するかのどちらかでない限り、法定後見人を外すことはできません。不動産を売却するためだけに法定後見人をつけ、不動産を売却し終わったら、法定後見人を外すということができません。

正直、大家さんにとっては、使いづらい制度であると言わざるを得ません。

また、大家さんにとって、不動産の修繕、原状回復など賃貸業を行ううえで、必須となる事項が簡単に行うこともできるわけではありません。賃貸業を続けるためには、入居者に入ってもらわなければならないわけですから、修繕、原状回復だけでなく、設備投資なども必要になってきます。

原則、大家さんが生活していくために必要である費用しか拠出することができませんので、賃貸業を続けるための費用を捻出することは難しいと考えるべきでしょう！

現在、賃貸住宅は、過剰に供給されている状態であり、空室率が10％を超える地域も数多く存在します。つまり、入居者が賃貸住宅を選ぶことができる状態です。修繕、原状回復、設備投資など不動産賃貸業にとって、最低限でも経営を行うことができる状況にない物件に、入居者が住んでくれるでしょうか？　大家さんやその家族は、何もできないのだから仕方ないと思うかもしれませんが、入居者にとっては、まったく関係ありません。管理会社も何もやってくれない大家さんの物件の管理をやろうとは思いませんし、入居希望者を連れて行こうとは思いません。クレームがくることは目に見えてますので。

大家さんとして、入居者が住みたいと思う住居を提供しない限り、今後の賃貸業は難しいと考えるべきです。法定後見人がついてしまった場合には、賃貸業を続けることは難しいと考えるべきでしょう！　ですから、大家さん本人が何も対策をせずに認知症になってしまうことを避けるために、家族信託®を行うことを考えるべきです。家族信託®を行うことによって、関係する三者の皆が得をすることになります。つまり、「三方良し」です。

大家さんは、引き続き賃貸経営を行うことにより賃料収入を得ることができます。管理会社は、家族が引き続き、不動産の管理をすることにより、管理料を得ることができます。そして、入居者からのクレームにも対応することができます。

入居者は、快適な住環境で生活することができます。

三方良しは、近江商人の経営哲学であり、日本の多くの企業の根幹となる経営哲学です。大家さんとしては、家族が継続して賃貸経営を行うことができるように家族信託®を行うべきです。

後見制度には、法定後見人の他に任意後見人というものがあります（**図表2―3参照**）。任意後見人も法定後見人と同様に「後見人」とつきますので、法定後見人とほぼ同じであると考えて構いません。

先ほど説明した法定後見人は、裁判所が選任し、大家さん本人が選任することはできませんでした。しかし、任意後見人は、大家さんが自ら決めることができます。本人自ら財産の管理を任せる人を決めることができるというところが、法定後見人との大きな違いです。

そして、任意後見人を決めるためには、財産を所有している大家さんと不動産を含めた資産の管理を任せる人（多くの場合、子ども世代の家族）との間で任意後見契約を締結する必要があります。家族信託®のところで説明したように、大家さん本人が認知症ではないときに、任意後見契約を締結する必要があります。家族信託®と異なるところは、任意後見契約では、決められた書式において、公正証書で作成することが決められていることです。

また、任意後見人の場合では、任意後見監督人が裁判所から選任されることになります。任意後見人が親族になったとしても、任意後見監督人が弁護士、司法書士などになることがありえるわけです。任意後見人においても、後見制度の範囲内のことしかできません。大家さんにとって、不動産の修繕、原状回復など賃貸業を行ううえで、必須となる事項が簡単に行うことができるわけではありません。正直、大家さんにとっては、賃貸業を家族に引き続き行ってもらうためには、使いづらい制度であると言わざるを得ません。やはり、大家さんとしては、家族が継続して賃貸経営を行うことができるように家族信託®を行うべきです。

信託契約時に入れ忘れてしまった財産や信託契約後になって新たに増えた銀行口座など、家族信託®ですべてをカバーできていない場合に備えて、任意後見契約も締結しておくという方法も考えられます。

図 2-3

	法定後見制度	任意後見制度	家族信託®制度
目的	財産管理、身上監護	財産管理、身上監護	財産管理のみ
契約	不要	必要	必要
所有権	本人	本人	名義： 受益権：
節税対策	不可	ほぼ不可	可能
資産運用	不可	ほぼ不可	可能
代理権	あり	あり	なし
取消権	あり	なし	なし
裁判所の関与	あり	あり	原則なし
管理者	裁判所が決める	本人が決める	本人が決める

3 それぞれのメリット・デメリットも理解するべき!!

先ほど説明した家族信託®、法定後見人、任意後見人のそれぞれにおいて、大家さんにどのようなメリット・デメリットがあるのか、くわしく説明していきます。まずは、家族信託®から確認していきましょう！

(1) 家族信託® のメリット

家族信託® のメリットは、次に示すとおりです。

家族信託®のメリット
①財産を管理する人を本人が信託契約で決めることができる
②財産を管理する人に報酬を支払う必要がない
③信託財産の管理方法を指定できる
④不動産を好きなときに売却することができる
⑤裁判所の関与がほぼない

①財産を管理する人を本人が信託契約で決めることができる

先ほど説明したとおり、大家さん本人が財産を管理する人を信託契約で決めることができます。

②財産を管理する人に報酬を支払う必要がない

この意味がなかなか理解できないかもしれません。家族信託®では、財産を管理する人に報酬を支払う必要がありません。逆をいうと、家族信託®でなければ、財産を管理してもらうために、報酬を支払う必要があるということを意味しています。法定後見人において、弁護士、司法書士など親族以外の法定後見人が選任された場合、報酬を支払う必要があります。

③信託財産の管理方法を指定できる

④不動産を好きな時に売却することができる

信託契約を締結した場合、管理を任せる財産を「信託財産」という言い方になります。不動産、金銭、株式などを信託財産とすることができます。信託財産の管理方法を指定することができます。信託財産の売却や新たな信託財産の購入についても、財産を管理する人に権限を与えることも可能です。どこまで権限を与えるかは、大家さん本人やその家族で話し合って決めることをオススメします。

⑤裁判所の関与がほぼない。

原則として、裁判所から何か言われることはないと考えられます。ただし、絶対ではありません。裁判所が関与することがないようにするためには、大家さん本人やその家族で必ず話し合いを行いましょう！

(2) 家族信託のデメリット

続いて、家族信託®のデメリットについて説明します。

家族信託®のデメリット

①認知症になった後では契約することができない
②身上監護権がない
③損益通算、純損失の繰越ができない
④信託計算書、信託計算書合計表を税務署に提出する必要がある
⑤信託契約書を作成することができる専門家がまだまだ少ない
⑥信託契約を作成するために費用がかかる

①認知症になった後では契約することができない

先ほど説明したとおり、認知症になった後では、大家さん本人と財産を管理する人との

間で合意することができないので、信託契約を締結することはできません。必ず認知症になる前に、信託契約を締結する必要があります。

②身上監護権がない

家族信託®は、財産の管理だけが目的になります。身上監護権が必要である場合には、任意後見契約も同時に行っておくことを考えても良いかもしれません。

③損益通算、純損失の繰越ができない

これは大家さんにとっては、唯一にして最大のデメリットといっても過言ではありません。

不動産を購入した年においては、赤字が出ることがほとんどです。家族信託®を用いていない場合には、赤字が出たとしても、他の所得との間で損失と利益を1年間で通算することができます。それでも、赤字になった場合には、個人の場合、3年間損失を繰り越しすることができます。

一方で、家族信託®を用いた場合には、赤字が出たとしても、他の所得との間で損失と利益を1年間で通算することができません。ただし、信託財産となっている不動産からの収入であれば、損失と利益を1年間で通算することができます。信託財産に不動産が何棟もあれば、通算しやすくなると考えられます。それでも、赤字になった場合には、繰り越しすることはできません。

大家さんにとっては、損益通算と純損失の繰り越しができないことは、非常に大きなデメリットであるといえるでしょう。この繰り越しができないことを忘れている専門家もいます。大家さんにとっては、本当に痛いデメリットですが、デメリットを理解したうえで、それでも認知症になって、資産が凍結されてしまうよりは、マシであると考えるのであれば、家族信託®を用いるべきでしょう！

④信託計算書、信託計算書合計表を税務署に提出する必要がある

信託契約を締結し、家族信託®を行った場合には、税務署に対して、信託計算書、信託計算書合計表を提出する必要があります。毎年1月末までに前年の信託財産について、税務署に報告する必要があります。確定申告とは別に提出する必要があります。財産を管理する人の義務になりますので、忘れないように税務署に提出しましょう！

⑤信託契約書を作成することができる専門家がまだまだ少ない
⑥信託契約を作成するために費用がかかる

２００６年に信託法が改正されてからまだ10数年しか経過しておりません。家族信託®が注目され始めて、５年ほどしか経っていないわけです。大家さんの間で注目され始めたのは、ここ2、3年です。これだけ、家族信託®が注目されているので、信託契約書を作成することができる専門家が増えてきました。増えてきたとはいえ、まだ家族信託®に否定的な専門家の方が大多数ですので、信託契約書を作成することができる専門家はまだまだ少ないといえます。

信託契約書を作成することができる専門家が少ないが故に、経験を積んでいる専門家、経験がまだまだ少ない専門家、まったく経験を積んでいない専門家と入り乱れている状況です。

大家さんとしては、家族信託®をよく理解し、経験を積んでいて、自分のために信託契約書を作成することができる専門家を選びたいと考えることは、至極真っ当な意見であると思います。専門家を選ぶ際には、疑問に思ったことは、すべてぶつけていきましょう！疑問に真摯に、誠実に答えてくれる専門家を選びましょう！

また、信託契約書を作成するためには、費用がかかります。物事を行うためには、それなりに費用がかかります。例外なく、信託契約書を作成するために、専門家に支払う費用はそれなりの金額がかかります。

この理由としては、次の３つがあげられます。

- **信託契約書を作成することができる専門家が少ない**
- **信託契約書が定型化されていない**
- **信託契約書を作成するために時間がかかる**

特に、信託契約書は、大家さん本人やその家族に関する状況、資産状況、想いなど、さまざまなことを考慮して作成します。それぞれ状況は異なりますので、なかなか定型化することは、難しいという状況です。さまざまなことを考慮するためには、それらの状況を把握する必要があります。大家さん本人やその家族のみならず、金融機関との話し合いを行う必要も出てきます。すると、信託契約書を作成するためにはどうしても時間がかかってしまいます。信託契約書を作成するためには、早くて３ヶ月、たいてい半年、長くて１

年以上かかります。それだけ、専門家にとっては大変責任がある仕事であるということです。

そのため、信託契約書を作成するために、専門家に支払う費用はそれなりの金額にならざるを得ないということになります。むしろ、費用がかかるから家族信託®を用いないのであれば、認知症になった時にすべてが凍結されてしまうことを覚悟することを考えておくべきでしょう！　費用対効果がないと判断されるのであれば、必要ないでしょう！

一方で、簡単に信託契約書を作成することができると言われた場合には、なぜ、簡単に作成することができるのか？　疑問に思ったほうが良いでしょう。先ほど説明したように、信託契約書は、定型化されていません。各大家さんのために、オーダーメイドで作成していくものです。定型化してあるのであれば、大家さんの希望に沿う信託契約書になっているのでしょうか？

なぜ、定型化できるか、説明があったでしょうか？　希望に沿う信託契約書でなければ、意味がありません。

また、費用を抑えようとして、大家さん本人が作成しようとするケースも見受けられます。大家さん自身が信託契約書を作成することができる専門家であれば、まったく問題ありません。しかし、信託契約書を作成することができる専門家でなければ、専門家に任せたほうが良いと考えます。
大家さんの希望に沿う信託契約書は、簡単にできるようなものではありません。必ず、抜け落ちてしまうことが出てきます。「餅は餅屋」という諺があるように専門家に任せたほうが、希望に沿う信託契約書を作成することができると考えます。ただし、専門家に丸投げすれば良いというわけではありません。専門家がしっかり仕事をしているか確認することは怠らないでください。

次に、法定後見人について、確認していきましょう！

(3) 法定後見人のメリット

法定後見人のメリットは、次に示すとおりです。

法定後見人のメリット
①契約が不要である
②身上監護権がある
③取消権がある

①契約が不要である

先ほど説明したように、法定後見人は、認知症対策を行わなかった場合に、利用するものですので、大家さんと財産を管理する人との間に契約関係は必要ありません。

②身上監護権がある

法定後見人には、家族信託®と異なり、身上監護権があります。身上監護権は、法定後見人がついた大家さんの生活、療養、介護などに関する法律行為を行うことです。家族信託®では、身上監護権に基づく法律行為を行うことはできませんが、大家さんの信託財産を用いて、生活、療養、介護を行うことは可能です。

③取消権がある

法定後見人の唯一のメリットであると考えても良いかもしれません。

（４）法定後見人のデメリット

続いて、法定後見人のデメリットについて説明していきます。

法定後見人のデメリット

①財産を管理する人を裁判所が決める
②親族が法定後見人になれることが少ない
③法定後見人が選任されると外すことが困難になる
④弁護士、司法書士などの士業が親族以外の法定後見人が選任された場合、法定後見人に報酬を支払う必要がある
⑤不動産を売却したときなどには、特別な報酬を支払う必要がある
⑥不動産を好きなときに売却することができない

①財産を管理する人を裁判所が決める

②親族が法定後見人になれることが少ない

法定後見人の場合には、財産を管理する人を本人が決めるのではなく、裁判所が決めることになります。法定後見人をつけることを裁判所に申し立てるところから始まります。東京や東京周辺の県では、法定後見人に親族が選任されるケースが極めて少なくなっているようです。大家さんであれば、ほぼ間違いなく、法定後見人に弁護士、司法書士が選任されるようです。

弁護士、司法書士に知り合いがいれば、法定後見人になってもらえるように、申し立てることは可能です。ただ、裁判所が法定後見人を最終的に決定することになるため、知り合いの弁護士、司法書士が法定後見人に選任されるとは限りません。一度も会ったことがない弁護士、司法書士が突然、法定後見人に選任されたということで、通知してくることになります。そして、大家さんの預金通帳、銀行印、不動産に関する書類、印鑑などはすべて法定後見人が預かることになります。大家さんの生活、介護費用は法定後見人から、その家族に渡されることになります。最低限の費用しか渡されないといわれています。

③法定後見人が選任されると外すことが困難になる

法定後見人が使い勝手が悪いといわれる理由の一つは、法定後見人が選任されると外せないということです。たとえば、不動産を売却するときだけ法定後見人をつけて、不動産の売却が終了したら、法定後見人を外すということができません。これができれば、使い勝手が良い方法であったと思うのですが、現行の方法であることは残念でなりません。

法定後見人を外すためには、次の２つの理由しかありません。

- ・本人が亡くなる
- ・本人の判断能力が回復する

どちらも理解できると思います。ただ、本人が認知症から回復することは、なかなかハードルが高いでしょう。そもそも、認知症になっていなければ、法定後見人をつけていなかったわけですから。となると、法定後見人を外すことは、難しいと言わざるを得ません。法定後見人を申し立てることは安易に考えないほうが良いでしょう。

大家さんの例ではありませんが、次のようなケースもあります。役所などから法定後見人の申し立てをされて、法定後見人が選任されてしまったケースがあるそうです。こうなると、法定後見人を外すことは、非常に難しいです。このケースでは、そもそも本人が認知症になっていなかったので、法定後見人が選任されたこと自体が不当であるということで争った結果、外すことができたそうです。

外すための時間とお金が本当に無駄であったということができるケースです。非常に稀なケースとはいえ、頭に入れておくべきでしょう。役所などから申し立てをされて、法定後見人が選任されないようにするために、任意後見契約を締結しておくことも必要なのではないかと考えさせられる事例です（参照：成年後見制度の闇）。

④弁護士、司法書士などの士業が親族以外の法定後見人が選任された場合、法定後見人に報酬を支払う必要がある

⑤不動産を売却したときなどには、特別な報酬を支払う必要がある

法定後見人に弁護士、司法書士などの士業が親族以外の人が選任された場合には、資産の規模に応じて、法定後見人に報酬を支払う必要があります。

東京家庭裁判所の「成年後見人等の報酬額のめやす」に法定後見人の報酬について、次のように記載されています（図表２―４）。

- **基本報酬　月額２万円**
- **管理財産が５０００万円を超える場合　月額５～６万円**

管理財産が５０００万円を超える可能性は十分にあります。そうなると、月額５～６万円の報酬を支払わなければなりません。しかも、法定後見人が外れるまで、ずっと支払い続ける必要があります。もし、10年間法定後見人がついた状態であれば、７２０万円もの報酬を支払うことになります。長生きすればするほど、報酬を支払い続けることになります。亡くなるまでずっとです。人間はいつ亡くなるかはわかりません。

報酬額があまりにも高額であると思いませんか？

しかも、法定後見人は、ほとんど仕事をしません。仕事をすることができないと言ったほうが正しいのかもしれません。本人の財産を預かっておくことが仕事だからです。裁判所から言われたこと以外を行う必要がありません。本人や家族のために、一生懸命になって、裁判所に掛け合ってくれる士業の方もいますが、ごく稀です。ほぼ何もせずに報酬を受け取る士業がほとんどです。これでは、何のために法定後見人を申し立てたのか？　わかりません。

さらに、不動産を売却するなど、基本的に行う業務以外の業務を行うと、特別な報酬を支払わなければなりません。これを「付加報酬」といいます。付加報酬は、不動産を売却した時に不動産会社に支払う仲介手数料とは異なるものです。資産を持っていれば、持っているほど大家さんにとって、損になる方法といえるでしょう。

家族信託®の場合には、信託契約を作成するために費用がかかるとはいっても、法定後見人に支払うことが予想される報酬720万円（5万円×12ヶ月×10年）を、信託契約を作成することで専門家に支払うことは稀です。半分にも満たないことがほとんどです。財産を管理する人に毎月報酬を支払う必要がありません。また、不動産を売却したとしても、報酬を支払う必要もありません。信託契約の内容を変更するなどを行うためには、再度専門家への報酬が必要となるかもしれませんが、信託契約を行うときにしっかり内容を作成しておけば、再度変更することはないでしょう。

法定後見人をつけた場合には、はじめに報酬を支払う必要はありませんが、月々の報酬と特別な報酬を支払う必要があります。いつまで支払い続けなければならないかわからないというリスクも存在します。残念ながら、本人が亡くなるまで支払う報酬が確定しません。

家族信託®の場合には、はじめに報酬を支払う必要がありますが、その後は報酬を支払う必要はありません。つまり、家族信託®を組んだ時点で、ほぼ支払う報酬が確定します。法定後見人と家族信託®では、まったく異なることが理解できたと思います。

確かに、人間はいつ亡くなるかわかりません。家族信託®を組んだ後にすぐ亡くなってしまえば、法定後見人に渡す報酬よりも高くついてしまうかもしれません。それは、あくまでも結果論です。もしかしたら、認知症のまま、10年間生存したかもしれません。その10年間は、何もできないわけです。そして、家族信託®は、認知症対策だけではありません。他の機能を使うことも可能です。遺産の分割対策や承継者対策としても、家族信託®を使うことは可能です。認知症対策以外については、第3章で説明していきます。

⑥不動産を好きなときに売却することができない

法定後見人をつけた場合には、不動産を好きなときに売却することができません。不動産を売却するためには、裁判所の許可が必要であると考えてください。誰に対して、いつ、いくらで売却するのか？　すべて確定してからでないと売却は難しいです。

また、本人が施設等に入っており、自宅に帰ることがない場合には、自宅を売却して、施設等の費用に当てたいと考えることもあるでしょう。しかし、本人が帰る場所がなくなるからという理由で、自宅の売却を許可してもらえないことがあるそうです。所有者としては、なるべく不動産を高く売却したいと考えていると思いますが、不動産市況が良いから、売却したいと思っても、売却することは難しいです。

買い手としても、購入までに時間がかかる物件をわざわざ購入しようと思うでしょうか？　購入するまでのハードルが高い物件であれば、購入金額を下げてもらわなければ買わないという人は多いでしょう。不動産の売買価格までも下げてしまう結果になると、大家さんにとって、法定後見人をつけることは、デメリットが多すぎると言わざるを得ません。

一方、家族信託®では、好きなときに不動産を売却すること可能です。

(5) 任意後見人のメリット

最後に任意後見人について説明していきます。任意後見人のメリットは次に示すとおりです。

任意後見人のメリット
①財産を管理する人を本人が任意後見契約により決めることができる
②親族を任意後見人にすれば、報酬を支払う必要がない
③身上監護権がある

法定後見のメリットとほぼ同じです。唯一異なることが、任意後見人には、報酬を支払う必要がないということです。任意後見契約書に記載してあれば、報酬を支払っても構いません。親族が任意後見人になることが多いので、報酬を支払わないことが多いでしょう。

(6) 任意後見人のデメリット

続いて、任意後見人のデメリットを説明していきます。

任意後見人のデメリット

①認知症になった後では契約することができない
②任意後見監督人を裁判所が決める
③任意後見を申し立てると任意後見人、任意後見監督人を外すことが困難になる
④任意後見監督人には、弁護士、司法書士が選任されることが多い
⑤弁護士、司法書士が任意後見監督人に選任された場合には、報酬を支払う必要がある
⑥不動産を好きなときに売却することができない

法定後見のデメリットとほぼ同じです。任意後見監督人を選任するところが少し異なる

だけです。

このように家族信託®、法定後見人、任意後見人のそれぞれにおいて、大家さんに対するメリット・デメリットを確認してみると、法定後見人は、圧倒的にデメリットが多く、家族信託®はメリットが多いものであるということが理解できると思います。

図 2-4

平成 25 年 1 月 1 日

成年後見人等の報酬額のめやす

東 京 家 庭 裁 判 所
東京家庭裁判所立川支部

1　報酬の性質

家庭裁判所は，後見人及び被後見人の資力その他の事情によって，被後見人の財産の中から，相当な報酬を後見人に与えることができるものとされています（民法 862 条）。成年後見監督人，保佐人，保佐監督人，補助人，補助監督人及び任意後見監督人についても，同様です。

成年後見人等に対する報酬は，申立てがあったときに審判で決定されます。報酬額の基準は法律で決まっているわけではありませんので，裁判官が，対象期間中の後見等の事務内容（財産管理及び身上監護），成年後見人等が管理する被後見人等の財産の内容等を総合考慮して，裁量により，各事案における適正妥当な金額を算定し，審判をしています。

専門職が成年後見人等に選任された場合について，これまでの審判例等，実務の算定実例を踏まえた標準的な報酬額のめやすは次のとおりです。

なお，親族の成年後見人等は，親族であることから申立てがないことが多いのですが，申立てがあった場合は，これを参考に事案に応じて減額されることがあります。

2　基本報酬

(1) 成年後見人

成年後見人が，通常の後見事務を行った場合の報酬（これを「基本報酬」と呼びます。）のめやすとなる額は，月額 2 万円です。

ただし，管理財産額（預貯金及び有価証券等の流動資産の合計額）が高額な場合には，財産管理事務が複雑，困難になる場合が多いので，管理財産額が 1000 万円を超え 5000 万円以下の場合には基本報酬額を月額 3 万円～ 4 万円，管理財産額が 5000 万円を超える場合には基本報酬額を月額 5 万円～ 6 万円とします。なお，保佐人，補助人も同様です。

(2) 成年後見監督人

成年後見監督人が，通常の後見監督事務を行った場合の報酬（基本報酬）のめやすとなる額は，管理財産額が 5000 万円以下の場合には月額 1 万円～ 2 万円，管理財産額が 5000 万円を超える場合には月額 2 万 5000 円～ 3 万円とします。なお，保佐監督人，補助監督人，任意後見監督人も同様です。

3　付加報酬

成年後見人等の後見等事務において，身上監護等に特別困難な事情があった場合には，上記基本報酬額の 50 パーセントの範囲内で相当額の報酬を付加するものとします。

また，成年後見人等が，例えば，報酬付与申立事情説明書に記載されているような特別の行為をした場合には，相当額の報酬を付加することがあります（これらを「付加報酬」と呼びます。）。

4　複数成年後見人等

成年後見人等が複数の場合には，上記 2 及び 3 の報酬額を，分掌事務の内容に応じて，適宜の割合で按分します。

以上

（参照：成年後見人等の報酬額のめやす　東京家庭裁判所）

4 大家さんが家族信託®するとどうなるか？

大家さんが家族信託®を組むためには、信託契約を締結する必要があります。家族信託®を組むと、変わることがあります。それは、所有権が分離するということです。突然、所有権が分離するというと、理解できないと思いますが、そもそも所有権とは、名義と利益の両方を兼ね備えた権利であるということです。不動産で考えてみると、わかりやすいです。

不動産の所有権を持っている人は、持ち主が自分であると主張するために、所有権保存登記を行います。これは、名義が自分であることを主張するために行っています。一方で、賃貸している不動産であれば、賃料が入ってきます。不動産から賃料を得るということは、利益を受ける権利を持つということです。つまり、不動産の所有権を持つということは、名義と利益の両方を持ち合わせているということです。不動産に限らず、資産価値があるものに対して、所有権を主張するということは、名義と利益の両方を主張しているということになります。

信託契約を締結する前は、大家さんが、所有権の状態で持っています。信託契約を締結した後では、所有権が分離して、名義と受益権が別々になります。受益権は、利益を受け取る権利ですので、利益と同じと考えて問題ありません。

ですから、大家さんが不動産を信託した場合には、不動産の所有権が名義と受益権に分離します。認知症対策として、家族信託®を組む場合には、名義は財産を管理する人の名前にします。そして、受益権を持つ人は、元の所有者にします。そうすることによって、不動産の元の所有者が認知症になったとしても、財産を管理する人が賃貸経営を行うことができるようになり、滞ることはなくなります。

また、元の所有者は賃料を受け取ることができます。不動産の元の所有者が認知症になったとしても、賃貸経営が滞るリスクをなくすことができます。大家さんにとっても、その家族にとっても、不動産の賃貸経営が滞ることがなくなれば、非常に大きなメリットであるといえるでしょう。しかも、信託法という法律の範囲内で行っていることですので、財産を管理する権限を合法的に有することになります。

そして、信託契約の前後で、大家さん本人、財産を管理する人、利益を受ける人の三者の登場人物が出てきたことに気づいたと思います。

まず一人目の大家さんは、自分が認知症になった場合に備えて、財産の管理をお願いする人といえるでしょう。この財産の管理をお願いする人のことを「委託者」といいます。

二人目は、大家さん本人から財産の管理を任される人です。財産の管理を任される人のことを「受託者」といいます。

最後は、信託契約後に利益を受ける人です。利益を受ける人のことを「受益者」といいます。

家族信託®には、この「委託者」「受託者」「受益者」の三者が登場します。

この単語だけをみると、誰が誰であったか？

そんな役割の人間であったか？

正直、頭が混乱すると思います。私も当初は混乱しました。ですから本書では、次のように表示することにしたいと思います。

- 財産の管理をお願いする人（委託者）
- 財産の管理を任される人（受託者）
- 利益を受ける人（受益者）

あえて、家族信託®の用語も表示するのは、大家さんであれば、今後、家族信託®を組むことが考えられます。前述したように、信託契約書を作成することができる専門家は、まだまだ少ないといえます。家族信託®を組む際に、お願いする専門家が家族信託®の用語で説明してくるかもしれませんので、その用語も残しておきます。専門家であればこそ、わかりやすく説明してもらいたいと思います。現在専門家になった私も肝に銘じておこうと思います。

家族信託®を組む、つまり、信託契約を締結するわけですが、信託契約は、財産の管理をお願いする人（委託者）と財産の管理を任される人（受託者）の合意によって、成立します。

そして、信託契約書を作成することによって、信託契約の締結を第三者に対して、示すことになります。

一方で、受益者の合意は必要となりません。大家さん本人が認知症対策として、家族信託®を使用する場合には、委託者と受益者を同じ人間にしますので、受益者は信託契約の内容について理解している状態です。しかし、合意の必要がないからといって、伝えなくて良いわけではありません。

また、家族信託®は、承継対策としても使用することが可能です。承継対策の際に、受益者が誰になるか？　伝えるべきです。くわしくは、第３章の承継対策で説明します。

家族信託®を組むときに、受託者になると、委託者から頼まれているのだから、なんでもできると勘違いする人がいます。受託者がなんでもやっていいわけではありません。そもそも、家族信託®を組む前に、家族全員で話し合いを行うことが必要です。

そして、家族全員が信頼できる関係であるということは大前提です。したがって、委託者である大家さん本人と、受託者となる家族との間だけで話し合いを行い、合意すれば良いというものではあり

図2-5

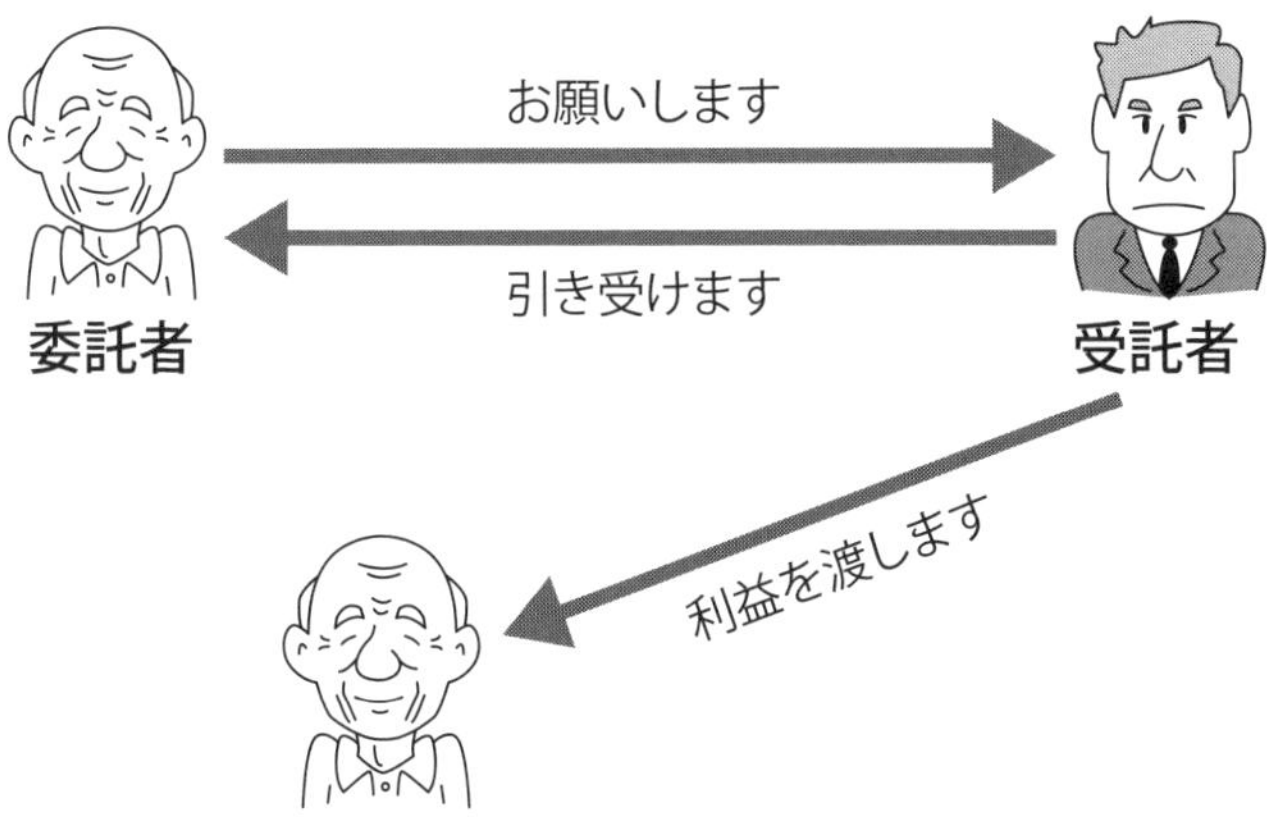

ません。家族全員で話し合いを行い、全員が納得したうえで、信託契約の内容を作成し締結するものです。
ここで家族信託®の基本的なルールを確認しましょう！

家族信託®の基本的なルール
①財産の管理を任される人（受託者）が行うことは、信託契約書に定めた内容しかできない
②利益を受ける人（受益者）の利益に反する行為を行ってはいけない
③信託財産は、分別管理する必要がある
④複数の利益を受ける人（受益者）がいる場合には、全員を公平に扱う必要がある

①受託者が行うことは、信託契約書に定めた内容しかできない
受託者は、信託契約書に定めた内容しかできないということは、メリットでもあり、デメリットでもあります。

受託者が行うことに、制限をかけることができます。委託者が、不動産を売却してもらいたくないと考えていれば、信託契約書に売却できないようにすることは可能です。信託契約書に不動産の売却を行う権限を記載していなければ、売却を行うことはできないと考えるべきです。権限がなく、売却を行った場合には、無権代理行為に問われるのではないかと考えられます。

一方で、世の中の情勢、不動産相場の市況、実際に管理している不動産の状況が、信託契約を締結してから大きく変わることがあると考えられます。管理している不動産を売却したほうが良い場合もあると思います。そのときに、売却することができず、持ち続けることになります。持ち続けることによって、管理している不動産の価値が毀損するかもしれません。

したがって、受託者が行うことに制限をかけることには、委託者の意思を反映させることができるというメリットと権限を制限されることにより、受託者が管理している不動産の価値を毀損させる、というデメリットがあると考えられます。

個人的な意見としては、不動産の売却については、信託契約書に記載しておいたほうが良いと考えます。売却することができず、価値が毀損することは避けたほうが良いと考えます。そのためには、受託者が賃貸業について、委託者と同等以上に理解し、実行できることが前提になると考えております。受託者に賃貸業を承継していくという考え方を持つべきでしょう。くわしくは、第3章の承継対策で説明します。

②受益者の利益に反する行為を行ってはいけない

受託者がなんでもやっていいわけではありません。受託者の利益になることをやっていいわけではありません。

私のところには、大家さんのために、家族が財産の管理を行おうと思い、相談に来る方がほとんどです。そのために、家族信託®という方法を使うことができるのではないかと思い、相談に来ています。そのような方には、一生懸命対応しようと考えます。

一方で、ごく稀に自分の利益のために、受託者になろうとする方がいます。受託者は利益を受ける人ではありません。

そもそも、家族信託®という方法は、受託者が利益を得るために行う方法ではありません。受託者を引き受けるのだから、報酬をもらって当然であると考える方は、受託者にするべきではありません。

大家さんのために、家族が財産の管理を行うわけですから、受託者は原則として、無報酬と考えるべきです。勘違いしないほうが良いと思います。

受託者の報酬については、第4章でくわしく説明します。

③信託財産は、分別管理する必要がある

信託契約を締結すると、大家さんが信託した財産を「信託財産」といいます。すべての財産を信託する必要はありません。すべての財産を信託してもかまいません。信託契約において、信託財産の内容を決めれば問題ありません。ただし、信託財産とした財産は、委託者の固有財産と別に管理しなければなりません。

また、受託者の固有の財産とも別に管理しなければなりません。受託者として、信託財産を管理するのであれば、必ず守らなければならないルールになります。

たとえば、大家のAさんが、Cさんに信託財産の管理を任せたとします。つまり、委託者がAさん、受託者がCさんというケースの場合で説明します。

Aさんが信託契約を提携する前に、不動産、預金、株式を所有していたとします。信託契約において、不動産と預金を信託財産として、株式はそのままにしたとします。すると、不動産と預金は、Aさんの信託財産となり、株式は、そのままAさんの固有財産です。そして、Cさんの固有財産とも異なるものとなります。Aさんの信託財産は、受託者であるCさんが管理します。

Aさんの固有財産は、そのままAさんが管理します。Cさんの固有財産は、そのままCさんが管理します。そして、すべて別々に管理しなければなりません。ですから、混ぜてはいけません。Aさんの信託財産をCさんがもらうことは当然できません。Cさんが借用することもできません。完全に別々に管理しなければならないということです。

これは、ルールなので、面倒くさいと思っても、受託者であるCさんが行わなければならない義務になります。

図 2-6

信託契約を締結する前の状態

A さんの元々の財産

不動産
X 銀行の預金
株　式

信託契約を締結した後の状態

A さんの信託財産

不動産
X 銀行の預金

A さんの固有財産

株　式

C さんの固有財産

Y 銀行の預金

④複数の利益を受ける人（受益者）がいる場合には、全員を公平に扱う必要がある

多くの場合、信託契約を締結時には、受益者は一人ですので、問題はありません。受益者が亡くなり、次世代に引き継がれた時に受益者を複数人に設定することができます。受益者が複数人に設定された場合には、全員を公平に扱う必要があります。

また、複数人の利益を受ける人（受益者）を設定する場合に、それぞれの受益権の割合を公平にする必要はありません。持分比率にしたがいます。

たとえば、受益者が3人いて、受益権の割合が6分の1、3分の1、2分の1と設定されていた場合を考えます。信託財産である不動産の賃料が毎月60万円入ってくる場合、次のようになります。

このように持分比率にしたがうことになります。信託契約書に持分比率が記載されていない場合には、全員で等分することになります。

また、受益者が亡くなり、次世代に引き継ぐ承継対策については、第3章で説明します。

このように、大家さんが信託契約を締結した場合、財産の管理をお願いした大家さんは、委託者となり、受託者は、受益者のために、信託財産を管理していくことになります。決して、受託者が私的に流用することは許されませんので、お忘れにならないでください。

$$60\text{万円}\times\frac{1}{6}=10\text{万円}$$

$$60\text{万円}\times\frac{1}{3}=20\text{万円}$$

$$60\text{万円}\times\frac{1}{2}=30\text{万円}$$

コラム2

不動産を買えば何もしなくて良いのか？

不動産投資とはどういうものであるか、ということから考えていきたいと思います。「投資」といわれるものには、株式、投資信託、ＲＥＩＴ、金、不動産など、さまざまなものがあげられます。

投資には、「直接投資」と「間接投資」があるということを理解する必要があります。株式、投資信託、ＲＥＩＴなどは、東証などに上場しているか否かにかかわらず、証券になります。東証などの市場に上場している証券を購入すれば、価格が上下することはあるものの、何もしなくても問題ありません。購入価格よりも高くなれば、売却し、利益を得ることができます。購入価格よりも低く売却することになれば、損することになります。

また、配当金や分配金を出していれば、保有しているだけで配当金や分配金を手にすることができます。保有しているだけで、自分は何もしなくても良いので、「間接投資」といわれます。

一方で、不動産投資の場合には、何もしなくて良いというわけにはいきません。不動産を貸すということは、不動産投資であるという側面と賃貸業であるという側面があります。賃貸業であるということは、事業として取り組む必要があるということを意味しています。

事業である以上、経営をしなくてはいけません。どのように売上を上げるのか？　どのように利益を上げるのか？　など経営者としての視点から考えている必要があります。経営である以上、利益を増やしていくことを考える必要があります。

利益を増やすためには、次の3つのことをやる以外にありません。

①　売上を増やす
②　コストを削減する
③　①、②の両方を行う

多くの場合、③の両方を行うことになります。

しかし現在では、次のようなことから今まで以上に経営視点で考えていく必要があります。

- 物件が供給過剰気味である。
- 空室率が増加傾向である。
- 人口が減少している。

経営する立場から考えると、逆風の状態です。

なぜなら、空室率が増加傾向であるので、賃料を上げることが難しい状態です。賃料を維持することができれば良いですが、賃料を下げる場合もあるでしょう。賃料を下げるということは、売上が下がるということを意味します。

不動産の場合には、築年数が経つと、経年劣化していきますので、賃料が下がります。何もしなければ、賃料は下がる一方です。

そのため、賃料を下げないために、さまざまな対策を行っていくわけです。

図 2-7 空き家数及び空き家率の推移—全国

（昭和 38 年～平成 25 年）

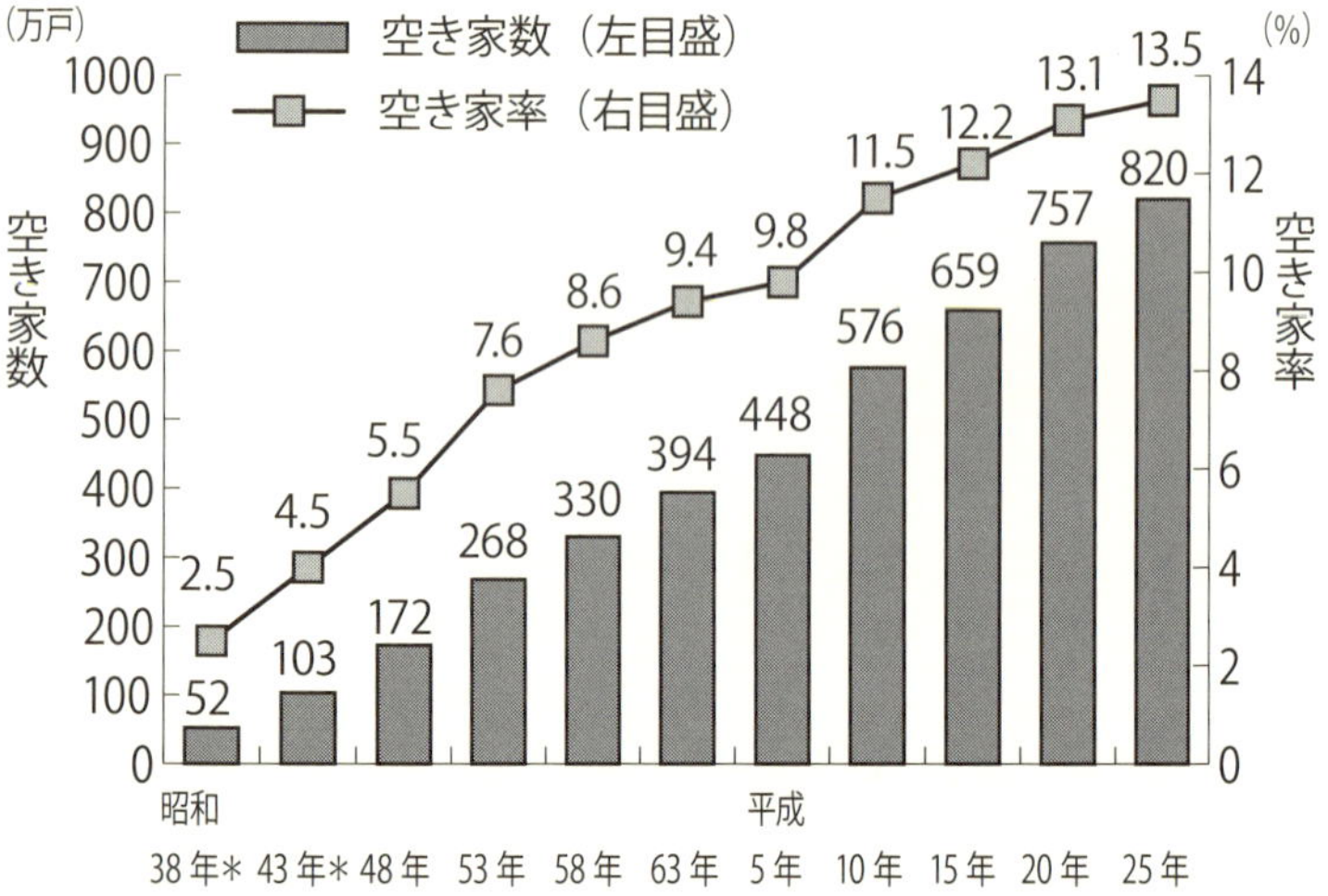

参照 1：総務省統計局　日本の住宅・土地ー平成 25 年住宅・土地統計調査の解説ー 結果の解説

図 2-8　総人口の推移（平成 7 年～ 28 年）

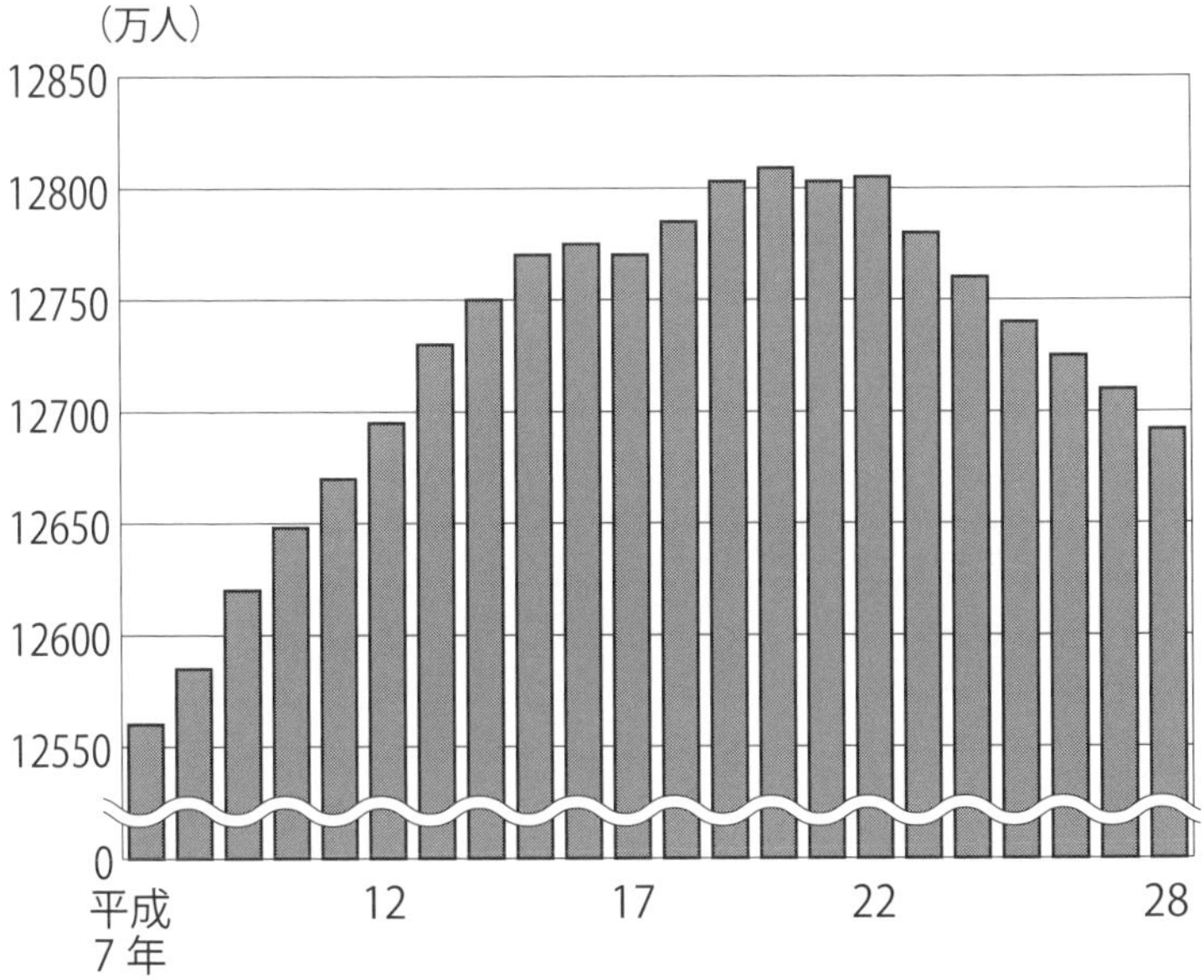

参照２：総務省統計局　人口推計平成 28 年 10 月 1 日現在

それでは、コスト削減はどうでしょうか?

コスト削減は、自分自身の努力でできることが数多く存在します。

みなさんがすぐに思い浮かぶこととしては、自主管理にするのか管理委託会社に依頼するのかによって、コストが全く異なります。本業をお持ちの方や自宅から遠い物件を所有している方は、管理会社に依頼せざるを得ないということもあるでしょう。管理会社に依頼する場合においても、管理会社の提案を待つのではなくて、自らコスト削減に取り組む姿勢が必要となります。大家さんと不動産会社の関係は、ビジネスパートナーです。大家さんは、管理会社にとって、お客様ではありません。賃貸業におけるお客様は、入居者の方ですので、勘違いしないようにしてください。

あくまでも、大家さんと管理会社は、ビジネスパートナーとして、お互いにうまくいかないようであれば、別の管理会社を探し、新たなパートナーと賃貸業を経営してくべきです。

不動産投資は、賃貸業という事業を自ら直接経営するので、「直接投資」といわれています。

ここまで、不動産投資は、賃貸業という事業であり、経営することが重要であるというお話をしてきました。

それでは、なぜ「不動産投資」といわれるのでしょうか？

これは、あくまでも筆者の推測になります。

最近では、大手企業でも副業が解禁されてきておりますが、まだまだ日本の多くの企業では、副業を禁止しています。本業以外に賃貸業を行っていれば、副業です。そうなると、企業の規定で副業を禁止していれば、規定違反になるので、最悪の場合、懲戒解雇になるということになります。本人が不動産を購入して、懲戒解雇になってしまった場合には、自己責任ということもできなくはありません。しかし、不動産を相続した場合には、どうなるでしょうか？

相続の場合、基本的に遺産を引き継ぐ（単純承認）か放棄する（相続放棄）かになります（限定承認を選択するケースは稀なため、単純承認、相続放棄で考えます）。

本業以外に、不動産を相続して、賃貸業を行うことになると、副業になります。そうなると、企業の規定で副業を禁止していれば、規定違反になるので、懲戒解雇になります。しかし、多くの場合は、懲戒解雇にならないでしょう。本人が不動産を購入したわけではありませんし、相続の場合には、本人に与えられる選択権が遺産を引き継ぐか放棄するかしかない状況において、他人が強制できるものではありません。このような状況を回避する理屈がないのか？　ということになります。

その解決策が、賃貸業を「不動産投資」と言い換えるという方法です。副業を禁止している企業でも、投資を禁止している企業はありません（金融商品を扱っているため、投資商品を購入することができない場合は、除きます）。

「投資」という言葉であれば、企業としても副業禁止には当たらないため、処分する必要がないわけです。とくに、相続した不動産であれば、副業に当たることは考えられないと言っても良いでしょう。

ただし、自分自身が不動産を購入し、規模を拡大しすぎて、懲戒処分を受けた佐賀県の消防士の例もあります。自分自身で不動産を購入していく場合には、気をつけたほうが良い場合もあることを頭にいれておきましょう！

つまり、副業禁止を回避するための方法が一人歩きした。

まず、賃貸業（不動産投資）を行いたいのであれば、最低限の知識をつけることは必須ですので、忘れないでください。

第3章

認知症対策以外でも使うことができる家族信託®

1 後継者を決めることができる

大家さんであれば、相続対策の一環として、次の2つの対策を考える必要があります。

- ・資産の分割対策
- ・承継者対策

資産の分割方法を示すものとして、遺言書があります。遺言書を作成することにより、誰に何を相続させるか？ 指定することが可能です。家族信託®を使用することによって、遺言と同様な機能を使うことができます。もちろん、遺言書を使用しても構いません。いずれの方法を用いるにせよ、資産の分割対策は、行っておかなければなりません。

また、大家さんであれば、承継者の対策を行っておかなければなりません。一見すると、資産の分割対策と承継者対策は同じではないかと思うかもしれません。重なる部分は多くありますが、異なる部分もあります。承継者対策とは、賃貸業という事業として、経営を誰に引き継がせるのか？ どのように引き継ぐのか？ という観点が必要になります。

資産の分割対策、承継者対策として、家族信託®をした場合、遺言書を用いた場合と異なるところを説明していきます。

家族信託®をした場合のメリットを次に示します。

家族信託®をした場合のメリット
①承継者を２番目以降も指定することができる
②受益権として、分割することができる

①承継者を２番目以降も指定することができる

遺言書では、承継者を一代しか指定することができません。一方で、家族信託®では２番目以降も指定することが可能です。

大家のAさんが配偶者であるBさんに資産を引き継がせた後で、Cさんに資産を引き継がせたいと思っている場合について、考えていきましょう！

遺言書を用いる場合では、AさんがBさんに相続された後で、「Cさんに相続させたい」ということを遺言書に記載していたとしても、Bさんが相続したのであれば、その後Cさんに相続させるという部分は無効になります。Bさんに相続させて、終わりです。一度、

Bさんの資産になってしまえば、Bさんに所有権が移ったということになりますので、Bさんが誰に引き継がせるか？　ということをBさんが自由に決めることができます。

もし、BさんからCさんに資産を引き継がせたいと思ったら、Bさんに遺言書を作成してもらい、Cさんに資産を相続させると記載してもらう必要があります。Bさんの遺言書にAさんの意思が反映されるかどうかはBさんの相続が起きるまでわかりません。遺言書の内容を伝えていない限り、遺言書は亡くなってから初めて内容がわかるものです。また、遺言書は何度も書き直すことができますし、最新の有効な遺言書が優先されます。

一方で、家族信託®を用いる場合では、AさんがBさんに資産を引き継がせた後で、Cさんに資産を引き継がせたいということを信託契約書にそのまま反映させることが可能です。家族信託®の場合には、信託契約を締結するので、契約内容をはっきりさせておく必要があります。

たとえば、次のように受益権を受け取る順番を決めることができます。

１　Ａさんを財産の管理をお願いする人（委託者）とする
２　財産の管理を任される人（受託者）をＣさんとする
３　利益を受ける人（受益者）をＡさんとする
４　Ａさんが亡くなった後に、２番目の利益を受ける人（受益者）をＢさんとする
５　Ｂさんが亡くなった後に、３番目の利益を受ける人（受益者）をＣさんとする

家族信託®は、遺言書と異なり、契約ですので、信託契約の内容を変更するためには、原則、委託者と受託者が合意する必要があります。遺言書ほど簡単に変更できるものではないと考えるべきです（特段の定めにより、信託契約の内容を変更しやすくしている場合は、状況が異なる場合があります）。実際には、細かいルールがありますので、後ほど説明します。

このように、信託契約を締結する前に、受益権を受け取る順番を決めます。また、受託者を決めますので、遺言書のように、亡くなってから初めて内容がわかるということはありません。

遺言書を書いた人だけが内容をわかっている場合と委託者、受託者が信託契約の内容を

わかっている場合では、次のようなことでまったく異なる状況になります（家族信託®においても、各順位の受益者には、伝えないと信託契約の内容は伝わりませんので、伝えられない場合を除いて、伝えたほうが良いでしょう）。

賃貸業は事業です。承継する人がわからないと、事業の承継はできません。賃貸業の場合には、不動産、金銭、預金のような物質的なものを承継すれば、終わりというものではありません。経営手法、知識、ノウハウ、人脈など物質的なもの以外にも承継するべきものが数多くあります。自主管理している場合であれば、さまざまな工事を依頼する業者は誰なのか？　どこまで対応してもらえるのか？　などを確認しなければなりません。

管理会社に委託している場合であれば、管理会社の担当者は誰なのか？　管理会社はどこまで対応してくれるのか？　業務内容と管理委託費用が適切であるか？　など、さまざまなことを確認しなければなりません。突然、相続しても、経営したことがなければ、対応することができません。大家さん本人の経営を補佐したり、実質的に経営を任されていれば、対応することは可能かもしれません。

最終的な決定は、大家さん本人の判断に任されます。あくまでも、補佐しているに過ぎませんので、責任は大家さんに帰することになります。

しかし、受託者の場合、財産を管理する義務が発生します。信託財産に賃貸の不動産が含まれているのであれば、賃貸業としての経営を行わなければなりません。最終的な決定は、受託者の判断に任されます。責任は、受託者に帰することになります。補佐する立場と経営判断を行わなければならないという立場では、まったく異なります。経営判断を行わなければならないという立場となれば、慎重になるでしょう。ですから、いきなり経営を任せることはリスクが高いと考えます。

そのためには、認知症になる前に家族信託®を行うとともに、受託者に経営を任せる、いきなり経営を任せることは難しいので、委託者のほうが受託者を補佐してあげるべきであると考えます。賃貸業を一緒に経営を行い、あらゆる経営判断を行うことができるようになったら、すべてを受託者に任せてしまうようにすれば、スムーズに賃貸業の事業承継を行うことができるようになると考えます。

先ほどのCさんがAさんとBさんの子どもであれば、「遺言書を作成するだけで、問題なく経営を承継することができるのではないか？」と考える大家さんもいるでしょう。確かに、問題なく経営を承継することができる場合もあるでしょう。問題なく承継することができるのであれば、遺言書でも良いと考えます。

やはり、補佐している立場と実際に経営判断を行わなければならない立場では雲泥の差であるといえます。実際に賃貸業を経営している人間でなければわかりません。

家族信託®の専門家の中で、自身が大家さんである方でなければ、賃貸業が経営であると理解している専門家はいないでしょう。大家さんが賃貸業の事業の承継を行うには、家族信託®の専門家というだけではなくて、大家さんのことがわかっている専門家を見つけるべきでしょう。

現にわが家では、私が受託者となり、賃貸業を承継しました。不動産に関する法律、賃貸経営のノウハウなどをセミナー等で学びました。また、経営に関しても学びました。そのうえで、事業収支の分析、コスト削減の方法、賃料の維持、空室対策、新規設備導入、不動産管理会社とのやりとりなど学んだことを実践して、常に改善を行っています。

日本では、人口減少とともに、賃貸住宅が供給過剰気味です。学んで、実践していかないとジリ貧になります。突然、相続しても、経営したことがなければ、できないからです。

そして、現在では、賃貸業を経営しつつ、これらの経験を生かして、セミナー等でお話をしたり、コンサルティングを行っています。いずれも、大家さん側で経験したことを、大家さんのために、行っています。

私のように、大家さん側から家族信託®と不動産の専門家となって、仕事をしている方はほとんどいないでしょう。もし自らの周辺に見つけることができるのであれば、つながりを作っておくことをオススメします！

②受益権として、分割することができる

さて、財産をどのように分割するか？　ということは大きな問題であると考えられます。遺言書において、財産の分割方法を指定しておくことは非常に重要なことです。

とくに、不動産を誰に相続させるのか？　ということを考えておくことは必要です。なぜなら、不動産は分割することができないからです。

そして、不動産は、一つとして同じものが存在しません。そのため、同じものを相続させることはできません。可能であることとすれば、所有権を共有状態にすることです。

不動産の所有権を共有状態にすると、いっけん解決できたようにみえます。なぜなら、共有している人たちで賃料を等分することができるので、平等に相続させるという形をとることができ、使い勝手が良いように考えられるからです。

しかし、所有権を共有状態にすることは、問題を先延ばししたにすぎません。共有している人たちが賃貸業の経営に対して同じ方向性を持っているときは、問題ないかもしれませんが、必ずしも同じ方向性であるとは限りません。

経営に対して異なる方向性になった場合には、合意しないと何もできなくなります。まだ共有している人たちが判断することができる状態であれば、話し合うことによって、合意できるかもしれません。

また、相続が何回も続くと共有者がとんでもないくらいの人数になります。共有者が100人を超える状態になっているという場合もあるそうです。これでは、誰がどこにいるのか？　を調べることすら難しくなります。さらに、共有している人たちの一人でも認知症になってしまうと、共有している人たちで話し合い、合意することすらできなくなります。こうなると、何もできません。不動産が事実上の凍結状態になります。ですから、相続時に不動産の所有権を共有状態にすることは問題を先延ばししたにすぎないというわけです。所有権を共有状態にすることは避けるべきです。

家族信託®の場合においても、財産の分割方法を指定しておくことが可能です。受益権を分割することができます。しかし、家族信託®を用いずに所有権を共有状態にする場合と家族信託®を用いて受益権を分割する場合では、大きな違いがあります。

第2章で説明したように、信託契約を締結すると、所有権が名義と受益権に分離します。そのため、受益権を分割して、受益者を複数人にすることが可能です。

一方で、受託者を一人にしておけば、賃貸業の経営が滞ることはないと考えられます。財産を分割する時にもめる理由は、誰かが資産を多くもらうことによって、もらう資産が少なくなる人が出るからであると考えられます。

つまり、所有権における名義が欲しいわけではなく、利益が欲しいわけです。ということは、信託契約を締結して、受益権を分割してしまえば良いと考えられます。つまり、実質的な利益を上げるということです。

そして、さまざまなケースが考えられると思います。

「不動産の管理はやりたくない。でも、賃料はもらいたい」と考えている人がいるでしょう。このケースは、正直、私は虫が良すぎると思います。賃貸業の経営をやりたくないと考えるのであれば、賃料をもらうべきではないと思います。しかし、大家さん本人が資産をあげたいと思うのであれば、受益権という形であげておいて、賃貸業の経営は受託者に任せることができるようにしておきましょう。

「この子どもは不動産の管理ができない。でも、賃料はこの子どもにあげたい」と大家さん本人が考えた場合はどうでしょう。大家さんの子どもが障がいを持っている場合には、どのような障がいであるかということにもよりますが、不動産の管理ができないことがあります。でも、賃料はあげたいと大家さん本人が思ったとしても、不思議ではありません。障がいを持っていない子どももいれば、その子どもに賃貸業の経営を行ってもらうということが考えられます。このようなケースでは、障がいを持っている子どもと障がいを持っていない子どもで不動産の所有権を共有状態にしてしまったときに、何もできなくなってしまうリスクがあります。一方で、家族信託®は非常に有効に機能させることができると考えられます。ですから、受益権を分割することによって、資産の分割対策を考えるということが可能になります。

ただし、遺言書を書くことによって、丸く収まる場合もあります。一方で、遺言書がもめる原因となる場合もあります。とくに、もめるような内容はやめたほうが良いでしょう。丸く収まるであろうと考えていたとしても、遺言書に記載した内容をまったく伝えないということは、やめたほうが良いと考えます。遺言書で対応できると考えた場合には、家族で話し合ったうえで、遺言書を書くことをオススメします。

一方で、家族信託®の場合も同様に、受益者に話をしておくべきでしょう。家族信託®の場合は、分割しづらい不動産を信託財産にすることによって、分割しやすくなるというメリットがあります。分割の方法は、委託者が決めることができます。この点は、遺言書も同じです。

つまり、遺言書のほうが良いとか家族信託®のほうが良いとかそういうことではなく、どちらの特徴も理解したうえで、どちらを選ぶのか？　もしくは両方用いるのか？　選択肢は一つではないということです。

さて、どちらにおいても、どのように分割しても構いませんが、遺留分については、考慮しておく必要があるでしょう！　そのため、遺留分相当額を考慮して、遺留分相当額を先に受益権として、渡すという方法もあります。そうでなければ、遺留分を支払う順番を指定することは遺言書でなければできませんので、遺言書も書いておくことが必要になります。忘れないようにしてください。

また、民法改正において、遺留分制度が見直されます。「遺留分減殺請求権」から「遺留分侵害請求権」に変わります。民法改正による遺留分制度の変更が今後どのように影響してくるか？　については、考えておく必要があるでしょう。遺留分については、第5章で説明します。

2 承継対策において、気をつけるべきルールがある

受託者と受益者が一緒になると、「1年ルール」というものがあります。これは、財産の管理を任される人（受託者）と利益を受ける人（受益者）が一緒になってしまうと受託者が好き勝手にやっても止めることができなくなってしまうと考えられるからです。

受託者と受益者が一緒にならないように信託契約の内容を考えるわけですが、思いもよらず、一緒になってしまうことはあります。受託者と受益者が一緒になってすぐに、「信託契約が終了です」と言われても困ります。

ですので、受託者と受益者が別々の人になるように設定するために、1年という猶予期間を与えたと考えるべきです。その間に、受託者と受益者とを別にしないと信託契約が終了になってしまいますので、ご注意ください。

このようなケースがありえるのか？　と考える方もいるでしょう。

たとえば、大家のAさんがCさんに財産の管理を任せるという信託契約を締結した場合、信託契約締結時に、次のように設定したとします。

- 財産の管理をお願いする人（委託者）は、Ａさん
- 財産の管理を任される人（受託者）は、Ｃさん
- 利益を受ける人（受益者）は、Ａさん→Ｂさん→Ｃさん
- 利益を受ける人（受益者）は、１番目をＡさんとする
- Ａさんが亡くなったら、利益を受ける人（受益者）は、Ｂさんに変わる
- Ｂさんが亡くなったら、利益を受ける人（受益者）は、Ｃさんに変わる
- ＣさんがＡさんとＢさんの子どもであった場合に、最終的にＣさんを利益を受ける人（受益者）に設定する

そうなると、１年以内に受託者か受益者を変更すれば、信託契約を続けさせることができます。ＣさんがＤさんと結婚しており、子どもにＥさんがいるという状態も考えられると思います。最終的に子どものＥさんに任せたいと思うのであれば、受託者をＥさんに設定すれば、信託契約を続けることができます。

場合によっては、受益者がＣさんになった時点で、信託契約をあえて、終了させてしまうというケースも考えられると思います。信託契約を終了させることによって、信託財産から所有権に戻したい理由があるのであれば、戦略的に行って、まったく問題ないと考え

ます。

受託者と受益者が一緒になるケースをまったく考えていない、忘れているのと、戦略的に考えて行うのでは大きく意味が異なることはおわかりでしょう。

実際に、信託契約を作成する際には、受託者と受益者が一緒になるケースを回避する方法は、いくつかあります。ただし、個別に状況を確認する必要があります。

とくに、家族構成と委託者となる大家さん本人の想い、希望をお聞きしないことには、受託者と受益者が一緒になるケースを回避する方法をお伝えすることはできません。ですから、受託者と受益者が一緒になるケースを回避する方法を理解している専門家を選びましょう！

続いて、「30年ルール」といわれるものもあります。こちらは、1年ルールよりも少し理解がしづらいものになりますので、簡単に説明したいと思います。

信託契約の設定後30年を経過した後は、受益権の新たな取得は一度しか認められない、これが30年ルールといわれるものです。あまりにも長い信託契約や何世代にもわたる信託契約ですと、30年ルールに引っかかる可能性があります。

また、「30年経過後に新たな受益者になった人が死亡した時点で信託は終了する」といわれておりますが、実際にはわかりません。信託法が改正されてから、10数年しか経過しておらず、まだ30年ルールに到達した事例がないからです。今後、事例が発生してから確認するほかありません。

このように、家族信託®にはルールがありますので、安易に大家さん自身で行おうとはせずに、専門家に依頼することをオススメします。また、専門家に依頼する時に、必ず質問するようにすると良いと思います。質問に対して、方法だけではなく、理由まで説明することができる専門家を選ぶことをオススメします！　また、大家さんが理解するまで、説明してくれる専門家を選ぶことも重要です。

3 共有状態の不動産をどうする？

先ほど説明したように、不動産の所有権を共有状態にすることは避けるべきです。しかし、すでに相続が起こってしまい、所有権を共有状態にしてしまったという場合もあると思います。その場合には、まず、共有状態になっている所有権を集めることができるかどうかを考えるべきでしょう。

所有権の共有状態を解消することができれば、問題はありません。そのためには、共有状態になっている所有権の持分を購入するという方法が考えられます。他に共有している人たちが売却する意思を持っており、一人が所有権に関して自分以外の持分を購入することができれば、問題を解決することができます。実際には、不動産は高額ですので、購入するための資金を調達することができるかどうかが問題です。

しかし、元々、所有権に関して自分以外の持分を購入するための資金を現金や預金を持っていたとすれば、相続時に一人が所有権をもらう代わりに、他の人たちに現金や預金を渡すこともできたでしょう。所有権を共有状態にしたケースでは、資産内の不動産が占める割合が大きく、分割するための現金や預金が占める割合が少なかったという場合が考えられます。

それでは、現金や預金で購入することができないとすると、どうすれば良いでしょうか？

金融機関などから所有権に関して自分以外の持分を購入するための資金を借りることができれば、購入することは可能であると考えます。貸してくれるかどうかは金融機関次第です。

金融機関が貸してくれるということを前提として冷静に考えると、所有権を集めるために、一人だけが借入れを行い、リスクを背負います。

一方で他の共有している人たちは、所有権に関する持分を売却することにより、現金を手にすることになり、リスクは全くなく、利益しかありません。一人にリスクを背負わせるのは、適切であるとは思えません。

この状態を解決するためには、所有権を共有している人全員で売却するということが考えられます。ただ、購入してもらうためには、ハードルがあると考えます。所有権を共有している人全員が売却に賛成しており、売却を誰か一人に一任していることが必要です。そうでなければ、購入してくれる人もいざ購入するとなったときに所有権を共有している人の一人でも気が変わって、売却しないと言われかねないからです。

また、購入するまでにハードルが高いものをわざわざ購入するということは、相場の価格よりも低い金額でないと、購入してくれないかもしれません。それでも、購入してくれる人が現われれば、問題解決です。しかし、不動産は手放すことになります。

一方で理論上、持分を売却するということは可能ですが、購入する人がいるかどうかは不明です。購入してくれる人がいれば、問題ないでしょう。わざわざ、不動産の所有権が共有状態になっているものを購入するでしょうか?

購入しても、購入者が賃貸経営の改善を行おうと思っても、何もできないかもしれません。購入する人は少ないでしょう。いたとしても、持分の割合から算出される金額よりも大幅に低い額でないと購入してもらえないと考えるべきです。


それでは、家族信託®を用いると、どうなるでしょうか?

不動産の所有権を共有している人全員が委託者になります。受託者を設定し、受益者は、所有権を共有している人全員です。

このように信託契約を締結することにします。すると、受託者に賃貸不動産に関する経営を一本化することができますので、管理が滞る心配はありません。

一方で、所有権を共有していた人全員は、受益者として、賃料を受け取ることが可能ですので、賃料という利益を損なうことはありません。

また、受益権にすることによって、得られた賃料収入を受託者が管理しておけば良いので、適切な時期に受益者に支払えばよく、すぐに受益者に支払う必要はありません（信託契約書に記載する必要はあるでしょう）。

賃貸業の場合には、修繕、原状回復などお金が必要になることが多いので、すぐに受益者に支払わないほうが良いと考えます。

たとえば、所有権を共有している人がAさん、Bさん、Cさん、Dさん、Eさんであったとします。この場合、そのうち一人でも認知症になってしまうと、賃貸経営が凍結されてしまう可能性があります。

受託者をFさんに行ってもらいます。受益者は、Aさん、Bさん、Cさん、Dさん、Eさんです。信託契約を締結するためには、所有権を共有している人のそれぞれが受託者であるFさんと信託契約を締結します。

信託契約を締結したことによって、管理、運用については、受託者をFさんに一本化されましたので、不動産が滞ることはなくなります。

ただし、受託者をFさんに不動産を処分する権限まで与えるかどうかは、話し合う必要があります。場合によっては、売却したくないと考える人もいるかもしれません。個人的には、処分まで権限を与えておいたほうが良いのではないかと思います。

そもそも、自分のものではない財産を自分のものであるかのごとく使おうと暴走するような人を、受託者にしてはいけませんが、受託者になることによって、今まで扱ったことがない資産を管理するわけですから、頭の中で勘違いをおこすかもしれませんので、受託者Fさんが暴走しないような対策は必要です。

次世代に「不動産」を残すという考え方ではなく、次世代に「資産」を残すという考え方をすることによって、次世代にも資産と不動産に対する考え方を承継することができると思います。

やはり、不動産を売却する権限を与えておくことは必要なのではないかと考えます。

実際にどのような方法を取るかについては、専門家と話し合ったうえで、信託契約書の内容に落とし込む必要があります。

図3-1

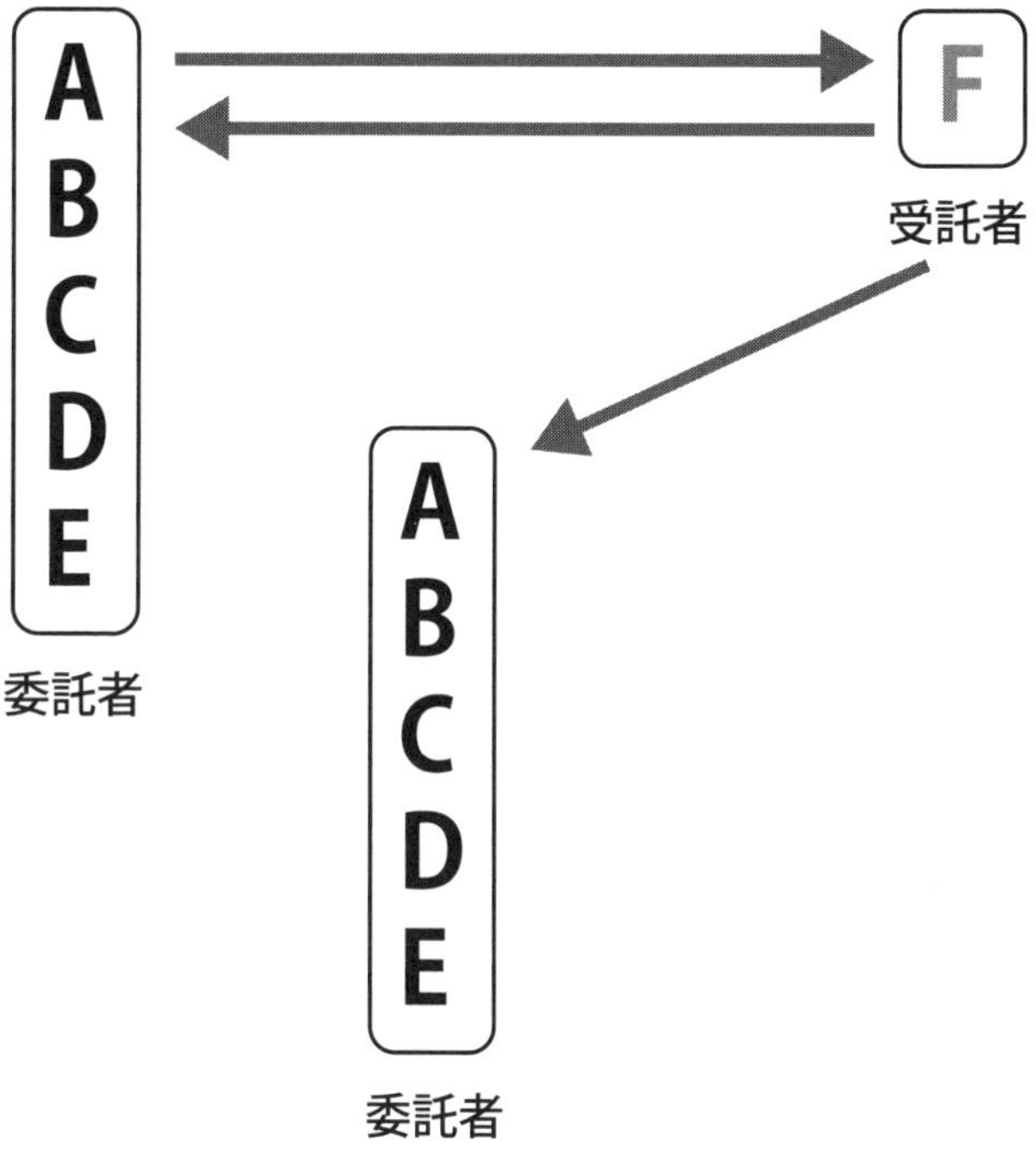

コラム3

サブリース契約について考えてみよう！

2018年は、不動産業界に非常に大きなニュースが多い年になりました。「かぼちゃの馬車」のニュースに隠れてしまいましたが、サブリースに関する問題も発覚しました。

そもそも、賃貸業を行っていれば、次の3つのうちのいずれかの方法をとっているはずです。

①自主管理
②管理委託
③サブリース

まず、自分がどの方法を取っているか確認しましょう！

①自主管理

自主管理は、日常清掃、入退去の実務、入居者からのクレーム対応、工事業者への発注など、さまざまなことを、大家さん自身が行うことです。大家さんがすべて行うため、対応は大変かもしれませんが、管理会社を入れない分、管理会社への支払いがありません。大家さん自身への手残りが多くなります。ただし、大家さん本人の自宅からすぐに行くことができる物件でないと、難しいでしょう。

②管理委託

管理委託は、管理会社に物件の管理を任せる方法です。入居者、工事業者との対応を管理会社がやってくれます。その代わり、管理委託費として、賃料の３～８％を支払うことになります。大家さんの自宅から遠い物件、別に本業がある、自身がサラリーマンなどのようにすぐに対応することができない場合には、管理委託にするメリットは大いにあります。ただし、管理委託している会社がしっかり働いているかどうかを、常にチェックする必要はあります。

まず、管理委託する会社と大家さんとの間に締結する管理委託契約の内容を確認したうえで、どのような業務まで管理委託しているか確認しましょう！

③サブリース契約

サブリース契約は、大家さんから物件をサブリース会社が借り上げる方法です。サブリース会社は、相場賃料の90％を大家さんに支払うことがほとんどです。そして、サブリース会社は自らが入居者を見つけ、入居者から相場賃料を得ることになります。大家さんは、相場賃料よりも少ない額をもらうかわりに、空室になった場合でも賃料を得ることができます。空室保証が入っていないサブリース契約は、大家さんにとって意味がありませんので、サブリース会社との契約書を確認しましょう！

3つの方法の中でも特に②管理委託と③サブリースの違いをしっかり理解する必要があります。先ほど簡単に記載しましたが、それだけでは不足していますので、くわしく話していきます。

管理委託の場合は、あくまでも大家さんと入居者の間で賃貸借契約を締結することになります。大家さんと入居者との間の対応を管理会社が行うことになります。

サブリースの場合は、大家さんとサブリース会社の間で賃貸借契約（サブリース契約）を締結します。大家さんは貸主となり、サブリース会社は借主となります。一方で、サブリース会社は、転貸しないとお金が入ってきませんので、入居者を見つける必要がありま す。そして、サブリース会社と入居者の間で賃貸借契約を締結します。サブリース会社は貸主となり、入居者は借主となります。つまり、サブリース会社は、大家さんに対しては、借主となり、入居者に対しては、貸主になります。

ここで忘れてはならないことが、「借地借家法」という法律です。借地借家法は、貸主

図3-2

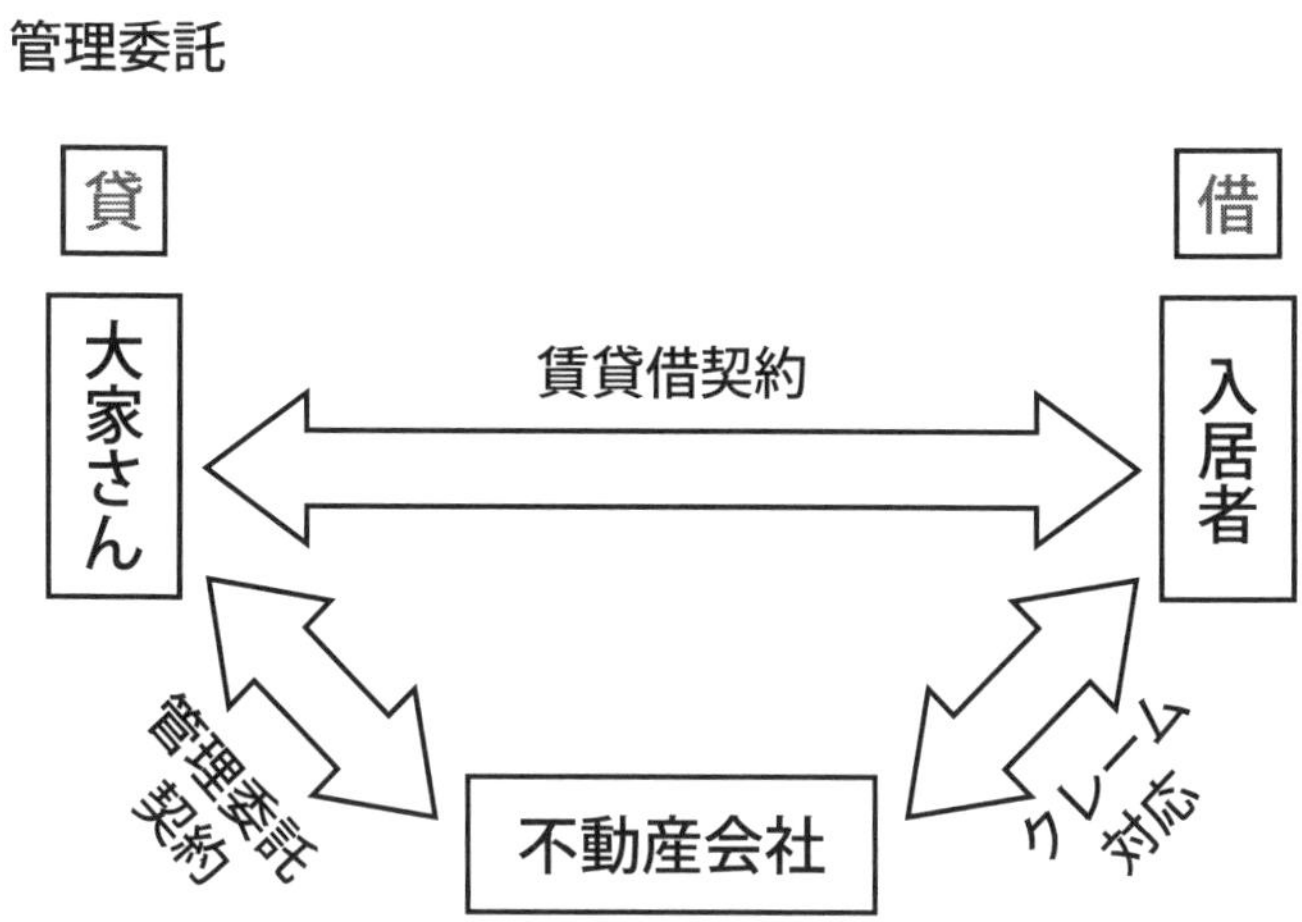
管理委託
貸
借
大家さん
賃貸借契約
入居者
管理委託契約
不動産会社
クレーム対応

図3-3

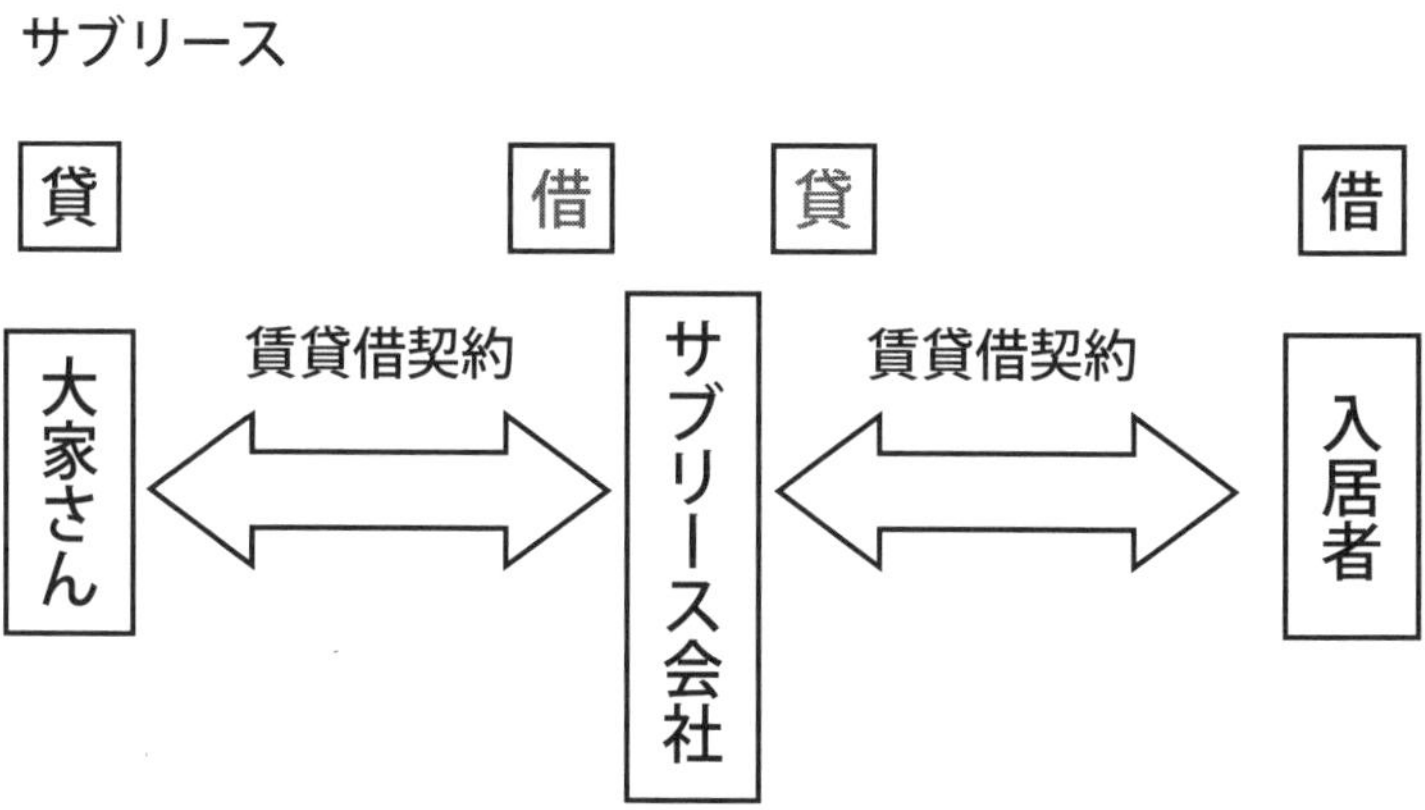
サブリース
貸
借
貸
借
大家さん
賃貸借契約
サブリース会社
賃貸借契約
入居者

である大家さんの権限が強かった時代に、借主を守るための法律として作られた借地法と借家法の流れを引き継ぐ法律です。簡単にいうと、貸主の権限が強かったため、借主を守る法律を作ることによって、貸主と借主が対等になるようにしたということです。

しかし、現在では、数多くの物件が存在し、空室率も増加している状況であり、借主が選択権を持っている状態です。借主が圧倒的に優位な状態になっています。借主が貸主に対して正当に主張するのであれば、全く問題ありませんが、インターネットが普及するに連れて、悪用する借主が増えました。

このように記載すると、借主を守ることがどうでもいいと思われますが、そうではありません。借主を守ることは、大前提です。借地法と借家法ができた当時のように貸主と借主が対等であるべきと考えられたのであれば、現在でも対等であるべきと考えても良いのではないかということです。ただし、貸主と借主が対等になるためには、法律の改正が必要となりますが、今のところ改正されるような状況はありません。ですから、貸主としては、現在の状況と借地借家法という法律と両方をよく理解したうえで、賃貸業の経営を行っていく必要があります。

なぜ、サブリースが問題になっているかというと、サブリース会社が借地借家法を理由に、貸主に賃料減額を迫っているからです（悪用しているケースもあるようです）。貸主としては、感情的になる前に、なぜこのような状態になっているかということをしっかり理解するべきです。

先ほど話したように、借地借家法は、借主を守る法律です。元々、借地法と借家法が制定された当初は、借主が不動産に対する素人であることを想定して作られた法律であると考えられます。借主が不動産を扱う専門家であることは想定していなかったのではないかと考えられます。法人であっても、不動産を扱う宅地建物取引業者のように専門であるとは限りませんし、借地借家法の条文には、個人と法人を区別する記載はありません。そのため、借主が不動産に対する素人であろうと、サブリース会社であろうと借地借家法によって守られるという状況です。

そして、借地借家法32条には、次の規定があります。

契約の条件にかかわらず、当事者は、将来に向かって建物の借賃の額の増減を請求することができる（借地借家法32条　一部引用）

ただし、最高裁の判例では、次のように示されていることを大家さんは知るべきです。

(1)本件各建物部分の賃料の減額を求めることができるというべきである（最高裁判例　平成16年11月8日一部引用）。

(2)本件のように、賃貸人が、不動産賃貸業を目的とする会社の提案を受け、それに基づいて、金融機関からの多額の融資金によって建物を建築した上で、これを当該提案をした会社に一括して賃貸するという契約を締結した場合、当該賃貸借契約における賃料は、目的物の価格や近傍同種物件の賃料だけでなく、その融資金の返済方法をも念頭において定められることになることが多いのである（最高裁判例　平成16年11月8日一部引用）。

(1)では、借主が賃貸業を目的とする会社であっても、借主は貸主に対して、賃料の減額を要求することができるということをいっています。

一方で、(2)では、貸主が金融機関から融資を受けて、賃貸業を目的とする会社と次に示す2点を一括して契約した場合には、金融機関への返済できなくなるような賃料の減額は、許すべきではないと解釈することができます。

・建築を請け負う
・賃貸を行う

これは、賃料相場だけが賃料を減額する判断材料ではないということを示しています。近傍同種物件の賃料ということをわざわざ記載していることから、賃料相場よりも大幅に減額することは、認められないことであると考えられます。大家さんとしては、自ら必ず賃料相場を確認することが必要となります。

サブリース会社が賃料相場よりも大幅に減額してきた場合には、そのまま受け入れることはやめましょう！　そして、即答することを避けましょう！　大家さん自ら賃料相場で貸すことができるように、サブリース会社としっかり交渉しましょう。

現在は、賃貸物件を掲載しているポータルサイトが数種類あります。賃料相場が記載されているポータルサイトがありますので、必ず確認しましょう！　大家さん自らから交渉することができないときには、不動産ＡＤＲ（裁判外紛争解決手続）センターや弁護士に相談することになります。ただし、弁護士に相談する場合には、離婚に強い弁護士に依頼しても意味がありません。必ず不動産に強い弁護士に依頼してください。

そして、サブリースが問題になっていることがもう一点あることを知っておくべきことがあります。賃料減額と同じく問題になっていることです。それは、サブリース契約の解約に関することです。

物件に入居を希望する方が多くいるエリアであることが前提となりますが、サブリース会社が賃料を大幅に減額してくるのであれば、大家さんとしては、サブリース契約を解約したいと考えるところです。

借地借家法28条には、次の規定があります。

建物の賃貸人による（一部省略）建物の賃貸借の解約の申入れは、（一部省略）正当の事由があると認められる場合でなければ、することができない（借地借家法28条　一部引用）。

借主からサブリースの解約の申入れは、認められやすいですが、貸主からの正当事由がなかなか認められないということを知っておくべきです。ですから、大家さんが、サブリース契約を解約しようとするためには、サブリース会社との交渉が必要となります。

逆に、サブリース会社からサブリース契約の解約の申入れがあった場合には、解約されることになります。

まず、賃料相場で貸したときに金融機関に対して返済することが可能であるか？　お金が残っているか？　といった事業収支分析を行う必要があります。大家さん自ら事業収支分析を行うことができれば、次に対抗するべきことがわかります。

しかし、自ら事業収支分析を行うことができないのであれば、専門家に事業収支の分析を行ってもらうことをオススメします。事業収支分析の結果、物件の収益改善を行ったとしても、お金が残らないのであれば、損失が広がる前に早急に売却するべきかもしれません。

事業収支分析の結果、物件の収益改善を行うことにより、お金が残るのであれば、管理会社探しです。大家さん自ら、物件の管理をすることができれば問題ありませんが、管理する会社が必要であれば、ただちに新しい管理会社を見つけることが必要です。管理会社とは、多くの場合、管理委託契約になります。管理委託契約になった場合には、経営する意識を持って、大家さん自ら行動することが必要となります。

サブリース契約は、賃料を得ることができている場合には、何もしなくても良いという非常に大きなメリットがありますが、賃料が減額される段階になった場合には、非常に大きなデメリットがあるということを理解しておくべきでしょう！

最初の3つの方法の中でどの方法をとるにせよ、メリット・デメリットが存在することは当然のことです。それらを理解したうえで、大家さん自身がどのメリット・デメリットを取ることが自分にとって適切であるかを考え、選択する必要があります。

個人的な意見として、サブリース契約は、大家さん自身の経営という意識がなくなってしまうことから、オススメはいたしません。あくまでも、大家さん自ら経営する意識を持って、学び、実践し、改善していくことが必要です。

第4章

家族信託®の事例から考えてみよう！

1 大家さんの認知症対策

家族信託®を組むことによって、大家さんが認知症になった場合でも、賃貸経営が滞ることがないようにすることは、必要なことであると説明してきました。

実際の事例で確認したいと思います。

次のような家系があったとします（**図4―1参照**）。

図 4-1

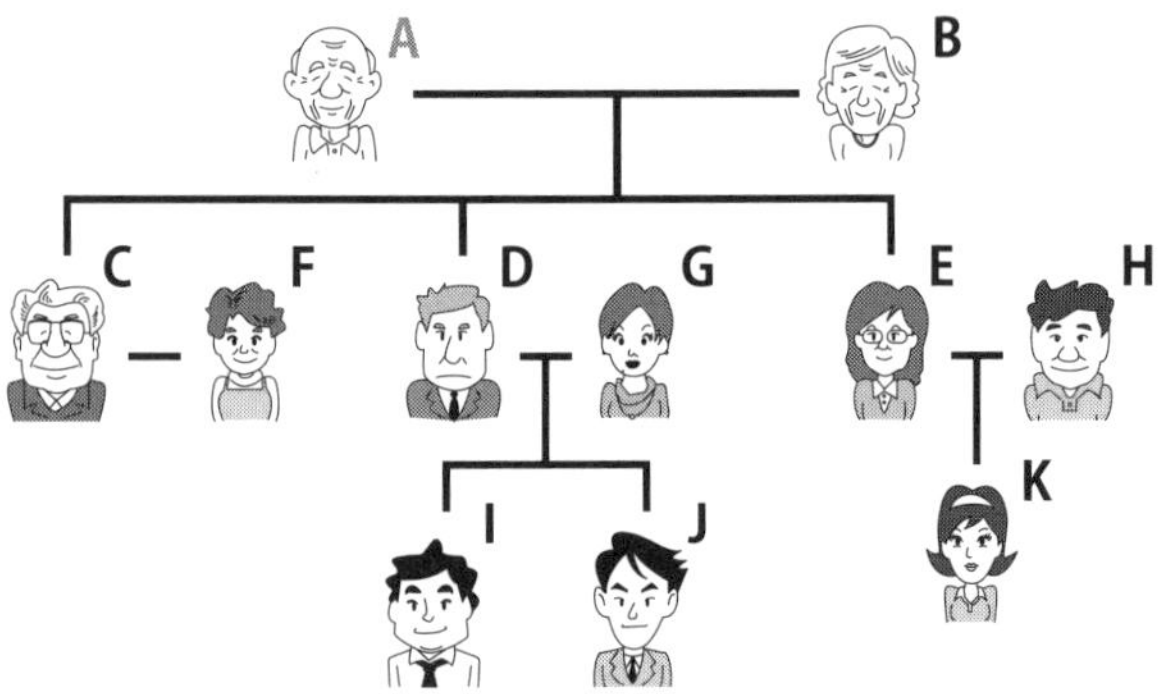

図 4-2

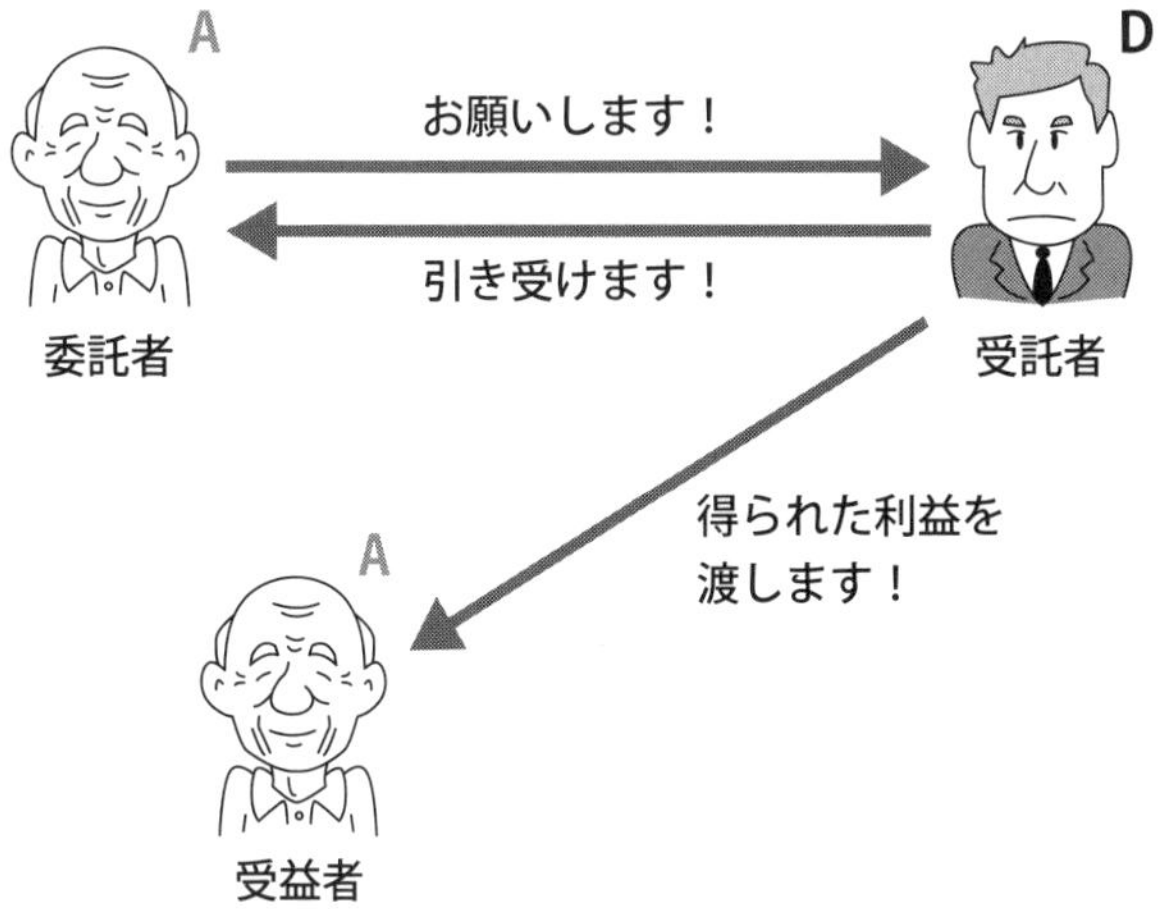

Aさんは大家です。受託者は、誰でも構いませんので、Dさんに受託者になってもらおうと考えたとします。

図 4-3

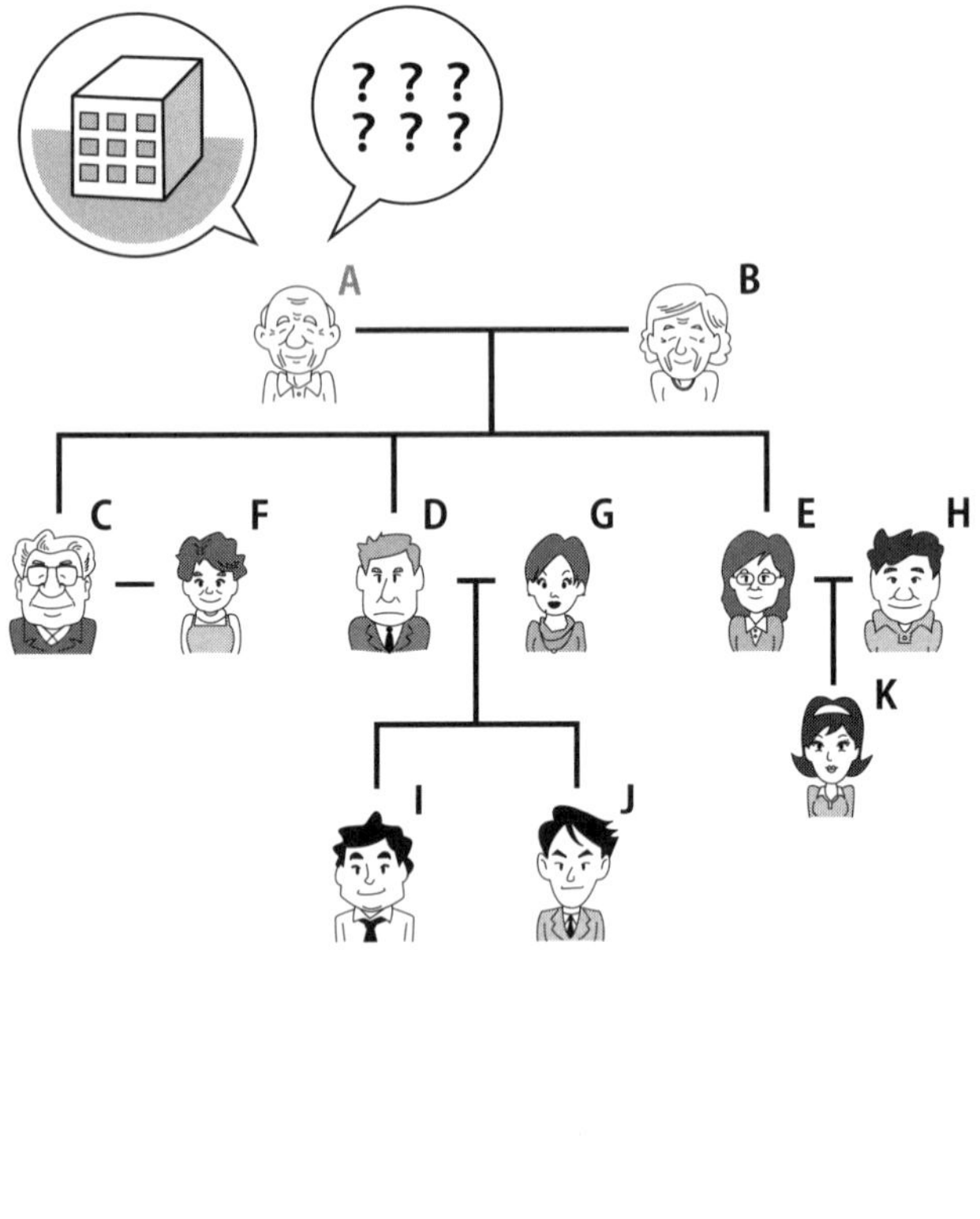

先ほどから説明してきましたので、すんなりと理解することができたと思います。

わが家では、大家である祖父が認知症であったので、このケースにあたります。

また、現在コンサルタントをしている私が、大家さんから自身の認知症対策の一貫として、「家族信託®を使いたい」とご相談を受けます。

一番相談が多いのが大家さん本人の認知症対策です。実際に、大家さんが認知症になる前であり、家族信託®を組むことが可能であったケースと、すでに大家さんが認知症になっており、家族信託®を組むことが難しいケースと、両方ともご相談を受けたことがあります。すでに認知症になっており、家族信託®を組むことが難しいケースは、何も行うことができず、もう少し早く相談をもらえればと思いました。

2 大家さんの家族であればこその認知症対策

今までは、家族信託®を使った大家さん自身に対する認知症対策や承継者対策などを説明してきました。しかし、大家さん自身だけが対策を行えば、終了というわけではありません。大家さん本人から資産を引き継いでいく次世代がいるわけですから、家族においても、しっかり対策を行う必要があります。

大家さんの家族における対策についても説明していきます。

①大家さんの配偶者に対して、認知症対策を行うケース
②大家さんの子どもに対して、認知症対策を行うケース

①大家さんの配偶者に対して、認知症対策を行うケース

まずは、大家さんの配偶者が認知症になってしまった場合について、考えていきます。

大家さん本人が認知症でなければ、不動産の賃貸経営は問題ありません。つまり、大家さんが健在であれば、まったく問題がないということです。

しかし、大家さんが亡くなった後は、大変なことになります。何も対策をしていなければ、法定相続分で相続することになります。大家さんに子どもがいる場合には、配偶者と子どもで法定相続分において相続されることになります。すると、不動産が法定相続分の持分で共有状態になります。この共有状態が大問題です！

不動産が共有状態になってしまうと、賃貸経営や売却することができなくなると考えられます。つまり、賃貸業の経営が滞ってしまうということです。

実際の事例で確認したいと思います。

Aさんは大家です。配偶者であるBさんは自ら判断することができません。Bさん、その子どもCさん、Dさん、Eさんで遺産分割協議を行ったとしても、Bさんは合意することができません。合意できないので、Bさんに法定後見人を選任した場合には、法定後見人がBさんの代わりに遺産分割協議に出席し、判断することになります。

すると、賃貸経営を滞らせないように、Bさんに不動産の持分を与えないようにすることは難しいでしょう。そして、法定後見人はBさんに相続されるはずの法定相続分を主張することになるでしょう。つまり、Bさん、Cさん、Dさん、Eさんにおいて、法定相続分で遺産を分割することになります。

法定相続分での分割になりますので、Bさんが2分の1、Cさんが6分の1、Dさん、Eさんも6分の1の持分を持つ共有状態です。法定相続分で分割するということは、プラスの財産とマイナスの財産の両方を合わせたすべての財産において、法定相続分で分けるということになります。法定相続分に合わせた財産分をもらうわけではなく、プラスの財産もマイナスの財産もすべてを法定相続分で分けるということです。

ですから、法定相続分で分けてしまうと、不動産が共有状態になってしまうということを意味します。そして、不動産が共有状態になってしまうと、賃貸経営や売却することが難しいと考えられます。

せっかく所有している不動産が何もできなくなってしまいます。ですから、Aさんが亡くなった後のために、対策を行っておく必要があるわけです。

賃貸経営が滞ってしまうことを避けることを考えるとすると、Dさんに財産の管理を任される人（受託者）になってもらえば、Aさんが亡くなった後にBさんが利益を受ける人（受益者）になったとしても、賃貸業の経営が滞ることはなくなります（受託者として、財産を管理することができるのであれば、受託者はDさんではなく、Cさんでも、Eさんでも構いません）。

そして、Bさんが亡くなった後で、信託契約を終了する設定にしても構いません。そうすれば、Ｃさん、Ｄさん、Ｅさんの遺産分割協議において、遺産を分割することが可能です。その代わりこの場合には、Ｃさん、Ｄさん、Ｅさんでもめないように対策しておくことが必要です。Ｂさんが認知症ですから、遺言書を書いてもらうことはできませんので、注意が必要です。

Ｃさん、Ｄさん、Ｅさんの分割対策まで考えるのであれば、Ｂさんが亡くなった後で、信託契約を終了させずに、受益権という形で、Ｃさん、Ｄさん、Ｅさんに分割することは可能です。信託契約書の内容に記載しておきましょう。

図 4-4

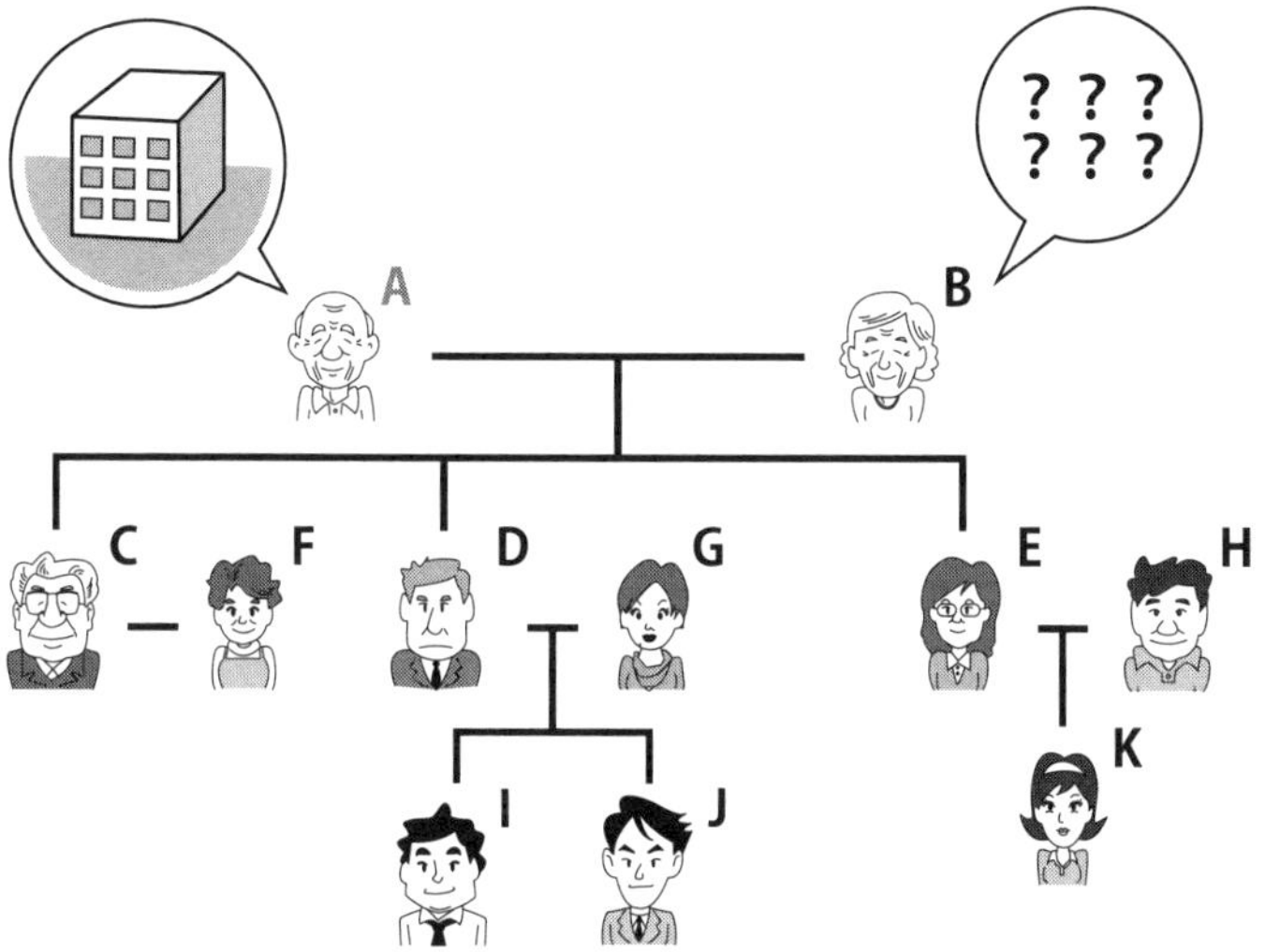

②大家さんの子どもに対して、認知症対策を行うケース

現在は、「人生100年」といわれる時代です。大家さんが90代、大家さんの子どもが60代、大家さんの孫が30代、場合によっては、ひ孫まで存在するという状況も考えられるでしょう。

厚生労働省の統計によると、人口10万人当たり若年性認知症の人は、47・6人と、多くはないものの、一定程度存在することがわかっています。また、若年性認知症の推定発症年齢は、平均51・3歳といわれています。

（参照：厚生労働省　平成21年3月19日発表　若年性認知症の実態等に関する超世結果の概要及び厚生労働省の若年性認知症対策について）

つまり、大家さん本人よりも先に子どもが認知症になってしまうケースも考えられる時代になってきたといえるでしょう。

実際の事例で確認したいと思います。

Aさんは大家です。子どものCさんは自ら判断することができません。配偶者のBさんが認知症であったときと同様に、何も対策を行わなければ、Aさんが亡くなったときに賃貸業の経営が滞ることになります。そして、Bさんのときと異なること

は、Cさんが認知症である以上、Bさんが亡くなったときでも、賃貸業の経営が滞ったままであるということです。Bさんの法定相続分をCさん、Dさん、Eさんで3分の1ずつ分けることになります。Cさんが亡くなるまで、賃貸業の経営が滞ったままになります。

実際に人が亡くなる順番は、わかりませんが、年齢順に亡くなると考えれば、Cさんが亡くなるよりもBさんが亡くなるほうが早いと考えられます。このケースでは、賃貸業の経営が滞る期間が長くなるであろうと考えられます。大いなるリスクであると考えます。

やはり、家族信託®を組むことによる対策が有効であると考えられます。

図4-5

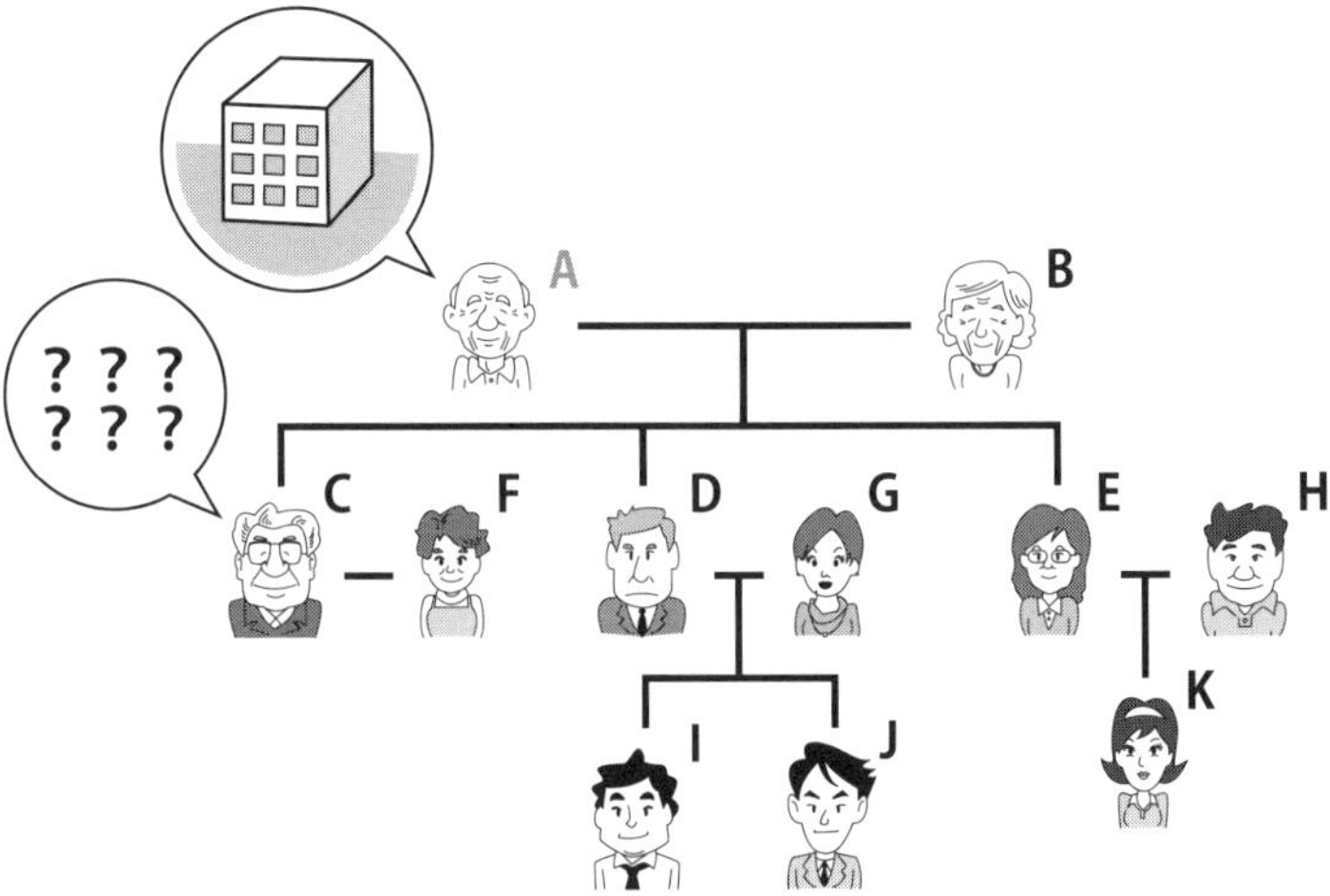

どうしても、大家さん本人のことばかり考えがちです。まず、大家さん本人の認知症対策を行うことが第一であると考えますが、家族の状況についても考慮する必要があることが理解できたと思います。

3 大家さんの承継対策

遺言書による承継の場合には、一代までしか指定することができないと説明しました。一方で、家族信託®を使うことで二代目以降も指定することができると説明しました。大家さんが亡くなった後で、大家さんの配偶者の生活のために、すべてを渡したい、その後、誰に承継させるかも指定したいというケースなど、さまざまなケースが考えられます。

実際の事例で確認したいと思います。

Aさんは大家です。Aさんが亡くなった後で、「（配偶者の）Bさんにすべてを渡したい」と考え、Bさんが亡くなった後では、「（子どもの）Cさん、Dさん、Eさんに渡したい」と考えた場合です。遺言書を作成することによって、実行できる可能性もあります。

遺言書の場合、一度、AさんからBさんに相続された財産は、Bさんのものになりますので、Bさんが誰にどれくらい相続させようが自由です。つまり、BさんがCさん、Dさん、Eさんに渡すように遺言書を書いてもらう必要があります。しかも、Bさんが遺言書を書き換えないことが前提となります。Bさんが書き換えたいと考えることもあるでしょう。簡単に実現するものではないと考えられます。

一方で、家族信託®では、「Bさんにすべてを渡したい」と考え、Bさんが亡くなった後では「Cさん、Dさん、Eさんに渡したい」という意思を示すために、受益権を与えることによって、実現することが可能であると考えます。利益を受ける人（受益者）を次のように指定することになります。

Aさん→Bさん→Cさん、Dさん、Eさん

受益者は、複数人いても、構いません。3人の受益権の割合を同じにしてもいいですし、同じにしなくてもいいです。

たとえば、介護を一生懸命やってくれたDさんに受益権の2分の1を与えても構いません。気をつけるべきことは、受託者をCさん、Dさん、Eさんのいずれかにする場合には、「1年ルール」に引っかかる可能性もあります。具体的な1年ルールを回避する方法については、個別に専門家に対して相談したほうが良いでしょう。

図 4-6

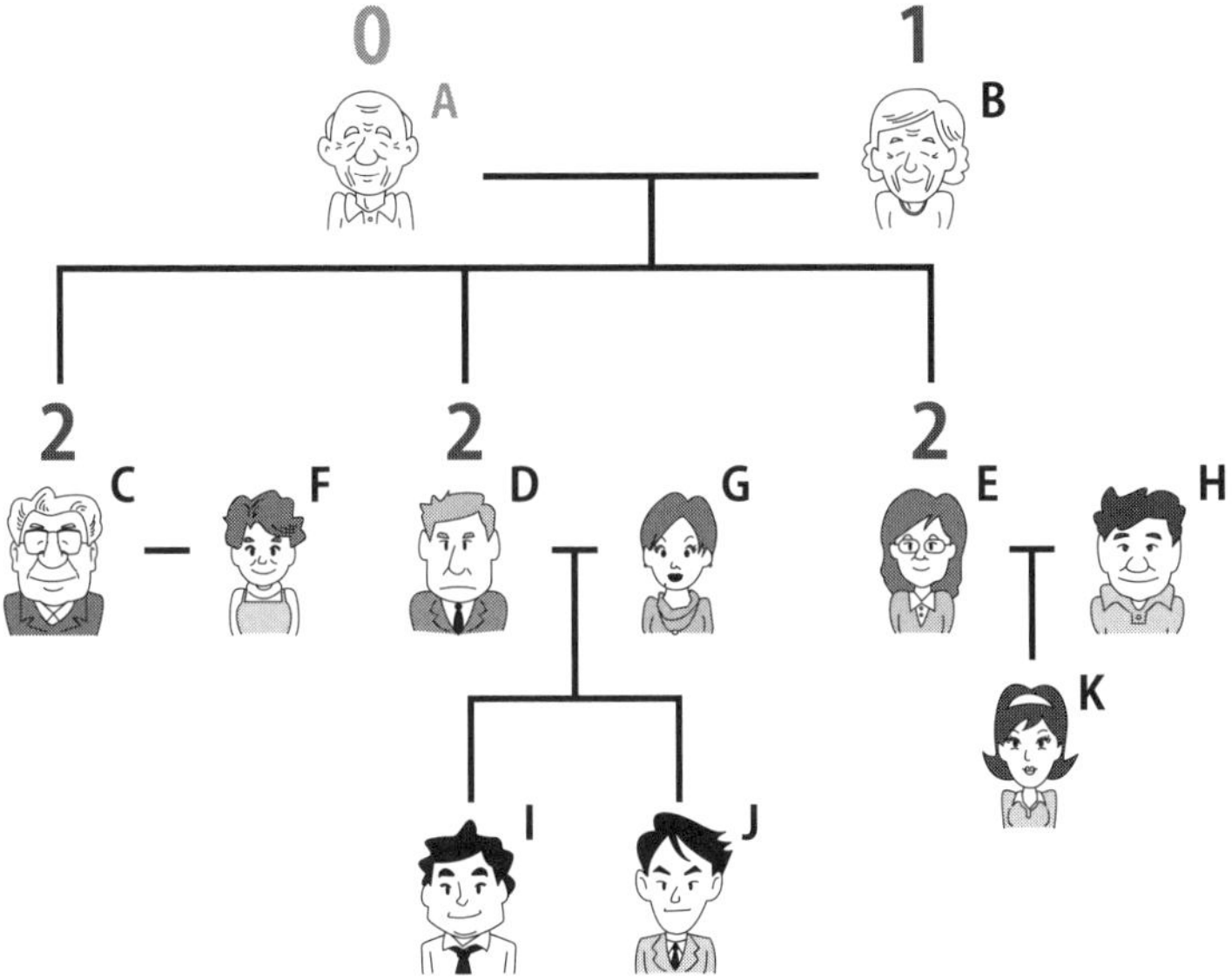

次に示す事例は、遺言書では、なかなか実現することが難しいと考えられますが、家族信託®を用いることによって、実現できる可能性があります。

Aさんは大家です。子どものCさんには子どもがいません。Dさんには、子どもがいます。Eさんは、嫁いでいます。

この場合、最終的にDさんの家系に承継したいと考えれば、次世代につないでいくことができると考えたとしてもおかしくはありません。「Aさんが亡くなった後で、(配偶者の)Bさんにすべてを渡したい」「最終的に、Dさんの家系に渡したいが、Cさんに渡した後にDさんの家系に渡したい」と考えたとします。

家族信託®を用いることなく、Cさんに渡してしまうと、Cさんが亡くなった後に、Fさんの家系に承継されることになります。Fさんの家系に承継させたくはないと考える場合もあるでしょう。

そのような場合に、家族信託®を用いると、次に示すことが考えられます。

利益を受ける人(受益者)を次のように指定することになります。

Aさん→Bさん→Cさん→Dさん→Iさん、Jさん

先ほど説明したように、受益者は、複数人いても、構いません。3人の受益権の割合を同じにしてもいいですし、同じにしなくてもいいです。

気をつけるべきことは、受託者をＣさんもしくはＤさんにした場合です。「1年ルール」に引っかかる可能性があります。1年以内に受託者を変更すれば良いです。

- 財産の管理を任される人（受託者）をＣさんにした場合には、利益を受ける人（受益者）がＣさんになった時点で財産の管理を任される人（受託者）をＤさんに変更する
- 財産の管理を任される人（受託者）をＤさんにした場合には、利益を受ける人（受益者）がＤさんになった時点で財産の管理を任される人（受託者）をＩさんもしくはＪさんに変更する

具体的な1年ルールを回避する方法については、個別に専門家に対して相談したほうが良いでしょう。

図 4-7

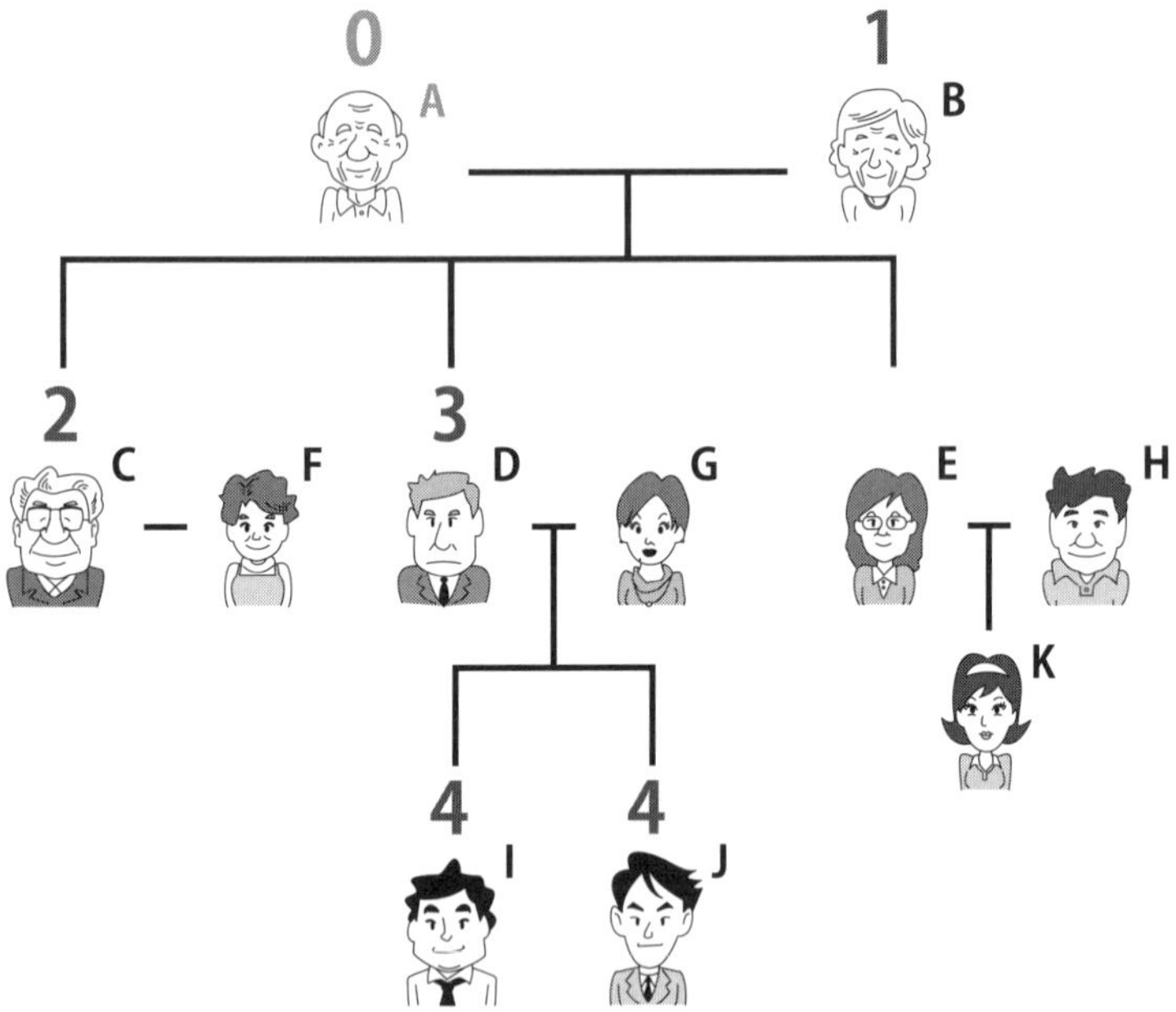

承継期間を長く考えている場合や承継者が３世代にわたる場合には、「30年ルール」も考慮する必要があります。信託契約の設定後30年を経過した後は、受益権の新たな取得は一度しか認められません。言葉だけを聞いてもなかなか理解することが難しいと思います。

信託契約の締結時に受益者はＡさんです。信託契約から10年後にＡさんが亡くなり、受益者がＢさんになりました。信託契約から15年後に受益者がＣさんになりました。信託契約から30年後における受益者はＣさんです。その後、Ｃさんが亡くなり、受益者がＤさんになりました。受益者がＤさんになったときには、信託契約から30年が経過しております。そのため、受益者となることができるのは、Ｄさんまでということになります。その後、Ｉさん、Ｊさんは、受益者となることはないということになります。

信託契約の設定後30年を経過した後は、受益権の新たな取得は一度しか認められないと記載されているものの、判例がありません。なぜなら、信託法が改正されてから、10数年しか経過しておらず、まだ「30年ルール」に到達した事例がないからです。時が経過する間に「30年ルール」については、改正されるかもしれませんし、改正されないかもしれません。

改正されなくても、Ｉさん、Ｊさんが受益者になれるかもしれません。こればかりは、わかりません。

とはいえ、30年で信託契約が終了するわけではなく、信託契約から30年後における受益者から受益権を受け取った新たな受益者がどれくらい長生きするかによって、信託契約の期間が決まるわけです。ですから、30年ではなく、50年から60年くらい続くものであると考えても良いでしょう。

このように、さまざまな細かいルールがありますので、やはり、個別に専門家に対して相談したほうが良いでしょう。

ただし、承継対策で説明したことに関しては、相続税、遺留分について考慮しておりません。相続税、遺留分については、第5章でくわしく説明します。

図 4-8

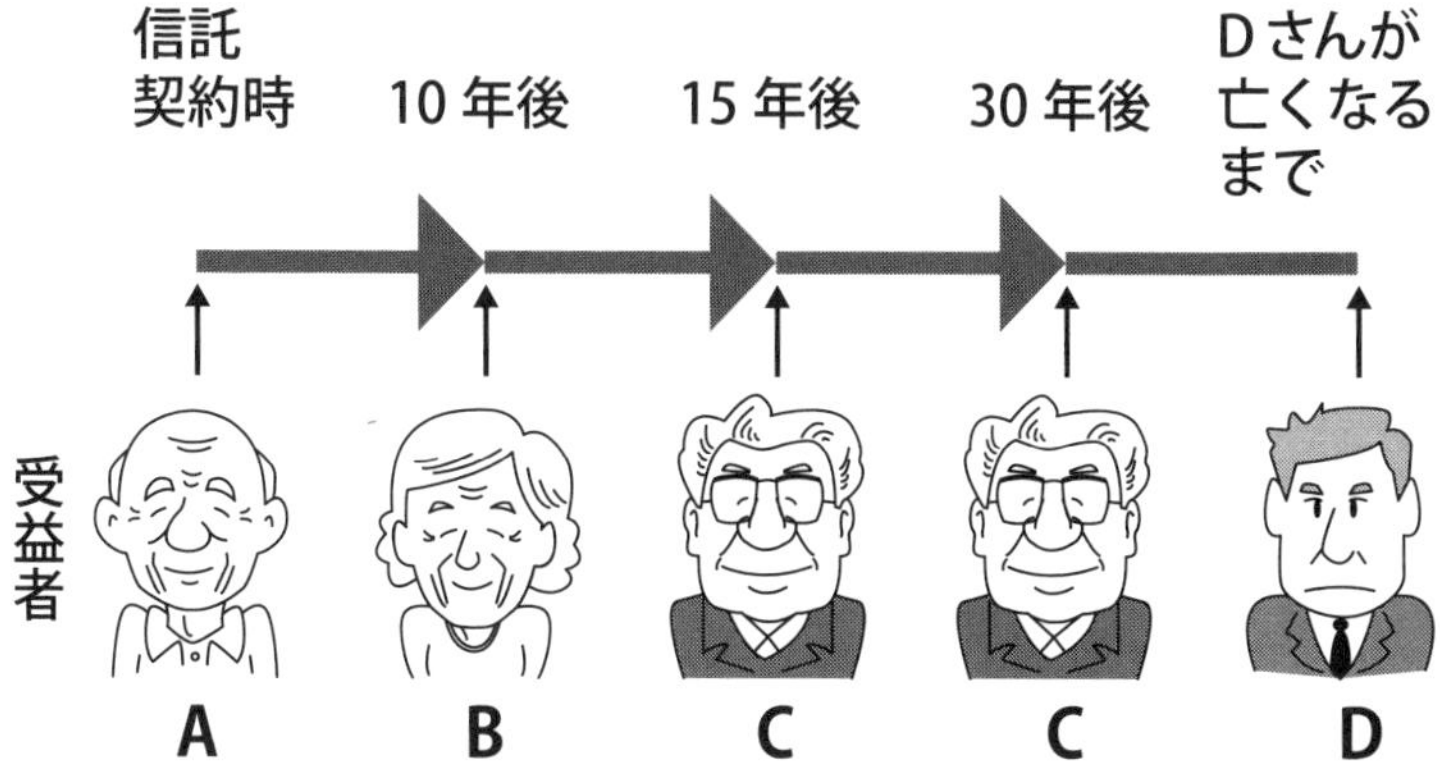

コラム4 「かぼちゃの馬車」について考えてみよう!

サブリースの問題よりも非常に大きな社会問題になった「かぼちゃの馬車」の問題を考えてみたいと思います。私は、社会問題になる前から「かぼちゃの馬車」の問題の相談を受けていましたので、いろいろな情報が入っておりました。

「かぼちゃの馬車」というシェアハウスが、なぜここまで大きな問題になってしまったのでしょうか?

ここに問題点を考えてみます。

①土地、建物ともに金額が相場よりも圧倒的に高い
②融資の審査時における預金通帳の預金額が改ざんされている
③S銀行による不正な融資の疑いがある
④通常、融資審査に通過しないと考えられる人に対して、融資審査を通過している
⑤相場よりも高い賃料をオーナーに保証している
⑥賃料保証定額30年保証のサブリース契約を行っている
⑦高金利で借りている
⑧シェアハウスを建築しすぎている

⑨ リビングがない

・S社が主張するビジネスモデルが不動産賃貸業のモデルとしての常識としては考えられない
・S社が主張するビジネスモデルを信じて、かぼちゃの馬車を購入していた

このようにさまざまな問題が混在しています。この問題が起きた一番の原因は、次に示す2点であると考えられます。

まずは賃貸業は、どういうビジネスモデルであるかを確認しましょう！

賃貸業は、入居者に賃料を支払ってもらうことで、成り立つモデルです。賃料を支払ってもらわなければ、金融機関の返済、修繕、原状回復等ができません。それどころか、オーナーがお金を増やすことはできません。

そこで、S社が主張する賃貸業のビジネスモデルは、どういうモデルでしょうか？

S社が主張するビジネスモデルは、入居者から賃料をもらうことなく、賃料0円でも賃

貸業が成り立つというものでした。このビジネスモデルは、普通の賃貸業のモデルの常識としては考えられないモデルでした。S社が主張し始めたときは、賃貸業に改革をもたらすものであったかもしれませんが、やはり賃貸業のモデルとして非常識なものでした。

今後もこれに類似したビジネスモデルが出てくる可能性もあるので、ここでS社が主張する賃貸業のビジネスモデルをくわしく確認していきましょう！

なぜ、入居者からの賃料が0円であったとしても、ビジネスモデルとして成立するのか、検証してみましょう。

まず、無職の入居予定者に仕事をあっせんし、入居者が就職することになれば、入居者が入社した会社からS社に紹介料が支払われることになっています。そして、S社に支払われた紹介料からオーナーに賃料が支払われるという仕組みです。そのため、入居者からの賃料が0円であったとしても、問題ないということです。入居者には仕事と収入、入居者が就職した会社には人材雇用、S社には紹介料収入、オーナーには、賃料収入が入るという「四方良し」の仕組みであると主張していました。四方良しの仕組みは、三方良しという考え方が元になっています。三方良しは、近江商人の経営哲学であり、日本の多くの企業の根幹となる経営哲学です。ですから、三方良しという考え方が間違えであったというわけではありません。

それでは、S社が主張する賃貸業のビジネスモデルのどこに問題であったのでしょうか？

それは、入居者が就職した会社からS社に紹介料が支払われることからお金の流れが始まります。つまり、この紹介料が支払われなければ、入居者は賃料０円になりませんし、オーナーには、S社から賃料を支払うことができないということになります。

入居者に仕事をあっせんし、入居者が入社する件数が相当数あれば、問題ありません。つまり、物件数×各物件の部屋数分の入社する件数があるかどうかが重要です。S社がこの事業を始めたときは、ある程度の件数があったそうです。

しかし、紹介される仕事が重労働が多く、そのうえに給料が少ないものが多いので、辞める人が多かったそうです。すぐに退職されてしまうのであれば、会社としてはわざわざ高い紹介料を支払う必要がないので、だんだん件数が減ったようです。S社の問題が社会問題になったときには、入居者への仕事あっせん件数は、ほとんどなくなっていたそうです。つまり、このビジネスモデルの最初のお金の流れが止まってしまったわけです。それでは、オーナーに賃料を支払うことはできません。

またなぜ、オーナーの人たちは、S社が主張するこのビジネスモデルを信じて、かぼちゃの馬車を購入してしまったのでしょうか？

これはS社のビジネスモデルの伝え方が非常にうまかったことがあげられるでしょう。S社の社長が、以前本を書いています。その本の書き方、伝え方が非常にうまく、次のようなことが連呼されています。

「不労所得を得ることができます！」

「手っ取り早くアーリーリタイアしましょう！」

まさにサラリーマン大家さんの人たちが期待する夢のようなことばが散りばめられています。これもS社が主張するビジネスモデルを信じてしまった原因の一つではないかと考えられます。

不動産投資は、不動産投資＝不動産賃貸業という考えで大家さん自ら学び、考え、行動していくことが必要な事業です。これを機に肝に銘じておく必要があるでしょう！

S社の問題を契機として、今後さまざまな形で、このような賃貸業の常識では考えられないもうけ話などが出てくると思います。そのときに実際それが現実に確実に収益が上がるものなのか判断できる能力を身に付けなければなりません。

S社の問題は、さまざまな問題を露呈させることになりました。

①土地、建物ともに金額が相場よりも圧倒的に高い

かぼちゃの馬車のオーナーは、土地、建物ともに相場よりも圧倒的に高い金額で購入しています。契約時の賃料がオーナーに支払われており、金融機関への返済が滞っていなければ問題ありません。

しかし、契約時の賃料が一方的に減額させられます。金融機関への返済が滞ることになりました。そして、すぐに契約時の賃料がまったく支払われなくなりました。金融機関への返済がまったくできなくなりました。金融機関への返済ができなくなってしまった場合に、次の2つの提案をしてきます。

- 金融機関に金利の低減を交渉する
- 金融機関に返済のリスケジュールを交渉する

どちらにせよ、金融機関が認めなければ、この事業は進みません。

最終的には、任意売却や競売することになります。また、S銀行から高金利で融資を受けていることから、元本の返済がほとんど進んでいないと考えられますので、残債は融資金額と同等な金額であると考えられます。そして、土地、建物ともに相場よりも圧倒的に高い金額で購入しているため、任意売却や競売することになったとしても、債務が残ることになります。つまり、かぼちゃの馬車のオーナーは、任意売却や競売することになっても、今後も多額の残債を背負うことになります。

ここでとくに注目されるのは、なぜS銀行は土地、建物ともに相場よりも圧倒的に高い金額を融資したのか？　ということです。まだくわしくはわかっておりませんので、今後、解明されることを願っています。

②融資の審査時における預金通帳の預金額が改ざんされている

③S銀行による不正な融資の疑いがある

金融機関では、融資の審査においては、通常預金通帳の現物を銀行員が自ら確認したうえでコピーを取るという手順で行われます。これは、預金通帳の預金額が改ざんされていないかを確認するためです。しかし、S銀行では、銀行員が自らコピーした預金通帳のコピーではなく、銀行員以外の人がコピーした預金通帳のコピーにおいて、融資の審査をしていたということが明るみになりました。ここで、銀行員以外の人がコピーした預金通帳のコピーが改ざんされていたことが発覚しました。

これでは、金融機関が融資の審査を行った際に、間違った判断をすることになります。当初、S銀行は、預金通帳のコピーの改ざんに関与していないということを主張していました。これが事実であれば、S銀行が融資の審査を行った際に、間違った判断をさせられたということですので、S銀行は被害者ということになります。しかし、実際には違うようです。S銀行の銀行員が預金通帳のコピーの改ざんを指示していたことがわかりました。

これは、金融機関として、大問題です。S銀行が融資の審査を通すために、積極的に預金通帳のコピーの改ざんし、預金残高を不当に高く見せていたことになります。土地、建物ともに相場よりも圧倒的に高い金額であることがわかっており、融資の審査を通すためには、預金残高を高額に見せることにより、金融機関への返済ができなくなったとしても、預金残高が高額であるために一括返済が可能であるように見せかけたのではないかと考えられます。

一括返済することができないとしても、任意売却や競売になったとしても、債務が残らないように見せかけるために、積極的に預金通帳のコピーの改ざんし、預金残高を不当に高く見せたのではないかと考えられます。いずれにせよ、今後、解明されることを願っています。

④ 通常、融資審査を通過しないと考えられる人に対して、融資審査を通過している

年収が低い方の場合、不動産投資の融資の審査に通過しないことがあります。

今回のS社の物件は、土地、建物ともに相場よりも圧倒的に高い金額であるため、年収が低い人は、特に、融資の審査に通過しない可能性があります。

しかし実際には、融資の審査に通過しないような方が通過しているケースがみられました。

なぜ、融資審査を通過したかというと、預金通帳のコピーの改ざんし、預金残高を不当に高く見せたためです。

⑤ 相場よりも高い賃料をオーナーに保証している

⑥ 賃料保証定額30年保証のサブリース契約を行っている

「かぼちゃの馬車」のシェアハウスは、いずれも駅から近かったので、賃料相場が高い傾向にありました。賃料相場が高い地域において、一人で部屋を借りるよりも、自分の部屋以外のリビング、風呂、トイレなどを共同で使うシェアハウスにすることにより、相場よりも低額な賃料で駅から近く、便利な地域に住むことが可能になります。シェアハウスに住みたいと考えている人は、相場よりも低額な賃料で駅から近く、便利な地域に住むことを目的にしています。相場よりも低い賃料で入居者に賃貸しつつ、入居者に仕事をあっせんし、入居者が就職した会社から支払われる紹介料と合わせて、相場よりも高い賃料をオーナーに支払うことを保証しています。

しかし、S社の問題が社会問題になったときには、入居者が就職した会社から紹介料が支払われるケースがほとんどなくなっていたそうなので、賃料と紹介料による収入を合わせて、相場よりも高い賃料をオーナーに支払うことは難しいと言わざるを得ません。したがって、相場よりも高い賃料をオーナーに保証していることには、無理があるわけです。

また、S社は、サブリース契約を行っていました。サブリース契約については、前章でお話ししたとおりです。サブリース契約は、「業者にすべて丸投げで、大家さんは通帳の数字だけ見ていれば良い」といわれていますが、そんなことはありません。個人的な意見として、サブリース契約は、大家さん自らが経営する意識が削がれるものです。大家さん自ら経営する意識を持つことが重要だと思います。

通常のサブリース契約は、「賃料30年保証」とうたっているだけです。賃料30年保証とは、賃貸借契約を結ぶということを保証しているだけであり、賃料の金額を保証しているわけではありません。不動産は、築年数が経つと、設備が古くなったり、空室が増える傾向があるため、賃料が下がっていく傾向があります。そのため、サブリース契約では、賃料を下げていくことになります。サブリース会社は、数多くの物件を管理しているため、各物件に対して、対応することができません。さらに、サブリース契約を行っている大家さんは、サブリース会社に丸投げしていることから、あらゆる経営努力を行っておりません。それでは、賃料を維持することはできないわけです。

一方で、S社の場合には、「賃料保証定額30年保証」とうたっていました。賃貸借契約を結ぶことを保証するだけでなく、賃料の金額まで保証していました。これは画期的なことでした。しかし、みなさんご存知のとおり、S社はオーナーに賃料を支払うことができなくなり、破たんするという結果になりました。賃貸借契約を結ぶということすらできませんでした。

⑦ 高金利で借りている

S銀行は、4.5%という高金利で貸し出しています。高金利で借りたとしても、事業収支がプラスとなり、オーナーのお金を増やすことができるのであれば、問題ありません。

S社の問題では、S銀行から高金利で融資を受けている場合がほとんどです。したがって、元本の返済がほとんど進んでいないと考えられます。金利を下げてもらうことは、必須であるとしても、どれくらいの水準まで下げなければならないのか？　事業収支分析が必要です。事業収支分析の結果、金利を0％にしても、事業収支がプラスにならないということも考えられます。金利を下げれば、問題が解決されるわけではないことを頭に入れておくべきでしょう！

⑧ シェアハウスを建築しすぎている

S社はもともと建築会社ではありませんので、建築会社と提携していました。建築請負契約を高額にして、低額で建築させておりました。健全に経費をのせるくらいであれば、問題ありませんでしたが、実際の建物の評価額と建築請負契約の金額に差がありすぎています。おそらく、建築会社からS社に対して、多額のキックバックがあったのではないかと推測されます。

エリアに何棟も「かぼちゃの馬車」を建築させました。隣同士に建築させた例もあるそうです。何棟も建築する必要があるほど、需要があれば構いませんが、S社が需要を調査したという話も聞いたことがありませんでした。需要がないエリアに何棟も同じ建物が存在すれば、入居者の取り合いになります。

賃貸業は経営ですから、満室にしなければなりません。満室にすることができずに、オーナーがお金を増やすことができない物件であれば、購入する必要はありません。つまり、S社は、オーナーがお金を増やすことができる物件を建築するのではなく、S社自身がただもうかれば良いという考えに立って、建築会社と提携して、建築を続けさせていたと考えられます。

このようなことから考えると、S社の利益の根源は、入居者が入社した会社から支払われる紹介料ではなく、提携している建築会社からの高額なキックバックであったということが推測されます。これでは、以前S社の社長が書いた本に記載のあるビジネスモデルとは大きくかけ離れていると言わざるを得ません。

⑨ リビングがない

S社が建築会社と提携して、シェアハウスを建築し始める前に、東京ではシェアハウスが2000棟存在している状態でした（参照：シェアハウス等における契約実態等に関する調査 報告書 平成26年3月 国土交通省 住宅局）。シェアハウスというだけでは、入居者を集めることが難しくなったので、コンセプトを明確に打ち出したものにすることにより入居者を集めるようになりました。

たとえば、音楽の趣味が合う人たちのシェアハウス、猫好きが集まるシェアハウスなど、さまざまです。シェアハウスの入居者は、入居者同士の交流を深めることを目的としています。そのためには、リビングが必須です。

S社が建築会社と提携して建築したシェアハウスの数は、約８００棟といわれています。しかし、それらの物件には、リビングがありません。シェアハウスの入居者は、入居者同士の交流を深めることを目的としていることに対して、リビングが存在しないことは致命的です。

S社が破たんしてしまった以上は、オーナー自らができる限りのことをやる以外にありません。シェアハウスを続けるのであれば、２部屋をつぶしてリビングを作るなど、ターゲット、コンセプトを明確にして、入居者を集めることができ、返済できるほどの賃料を得ることができるかどうか？　収支分析を行う必要があります。

さらにS社の問題の弊害が他にも出ているようです。

⑩「かぼちゃの馬車」のイメージでシェアハウスのイメージが悪くなった
⑪ 薄利多売を仕掛けられて、賃料の相場が安くなってしまった

コンセプトを明確にしているシェアハウスは、今でも経営できているようです。やはり、経営として、取り組むことが必要です。

第5章

家族信託®を行う前に注意するべきこと！

1 専門家を選ぶために、特に注意すべき7点を理解する

家族信託®を行う前に知っておくべき注意点がいくつかあります。そのなかで、特に注意すべき次の7点について、説明していきます。

- **信託財産に不動産を含める場合には、金銭も信託財産に入れておくことが必要である**
- **税金対策にはならない**
- **信託報酬には気をつける**
- **抵当権付きの不動産は気をつける**
- **受託者の借入の問題を考える**
- **遺留分の問題はつきまとう**
- **信託と書いてあるからといって必ずしも、家族信託®ではない**

家族信託®が注目されていることによって、流行だから乗っておこうという専門家も多くいることは事実です。きちんと理解されており、大家さんのために信託契約書を作成し

てくれる専門家であれば、問題ありません。

残念ながら、注意すべき点を理解していない専門家も数多くいることも否定できません。

- **なぜ注意するべきなのか？**
- **どのようなリスクが潜んでいるのか？**

自分自身の財産、そして、次世代につなぐ財産を任せる専門家を決める際には、慎重に行わなければなりません。気になることは、専門家に質問をしますが、専門家でも答えられないことがあります。専門家も人間であり、神様ではありませんので、すべての質問に答えられるわけではありません。ただし、答えられない理由をきちんと説明することができるかどうかが重要です。最低でも前掲した7点については、説明できる専門家を選ぶべきであると考えます。

この章では、大家さんが専門家を見極めるための注意すべき7点を説明するために、難しい事項も出てくるかもしれません。大家さんが家族信託®の隅々まで理解する必要はありません。むしろ、難しい事項を専門家に質問してみてください。大家さんが理解できる説明をしてくれる専門家であれば、最低限クリアしているといえるでしょう！　質問に答えてくれた方の説明を理解することができなければ、質問に答えてくれた方の理解が浅い可能性があります。何度も言いますが、自分自身の財産、そして、次世代につなぐ財産を任せるわけですから、妥協はするべきではありません。

2 信託財産に不動産を含める場合には、金銭も信託財産に入れておくことが必要である

信託財産に不動産を含める場合には、不動産だけを信託財産にしても意味がありません。修繕、原状回復、設備投資などが必要であるときに、預金も信託財産に含めていないと、何も行うことができません。また、賃貸不動産からの収入となる賃料は、金銭です。信託契約を締結した後に得られたものは、信託財産にはなりません。

しかし、賃貸業の場合には、賃料収入から修繕、原状回復、設備投資などの経費を支払うことになります。ですから、信託契約を締結した後に入ってきた賃料収入を信託財産として扱うことができるようにする必要があります。

その方法として、信託契約書の内容として、「追加信託」という形で信託契約後に入ってくる賃料も信託財産にすることができるようにしておかなければなりません。信託財産に不動産を含める場合に、預金、金銭も信託財産にしておかなければならない理由です。

3 税金対策にはならない

家族信託®を行うと、節税になると勘違いしている人が多く見受けられます。しかし、家族信託®を行ったとしても、原則、税金の対策にはなりません。

これは、次のような原則に基づいているからです。所有者Aさんが家族信託®を行ったとして、利益を受ける人（受益者）がAさんであれば、利益を得る人は変わりません。利益を得る人が変わらなければ、原則、課税の対象にはなりません。

①相続税等

Aさんから受益者がBさんに変わった場合、利益を得る人が変わったので、課税の対象となります。

Aさんが亡くなった場合であれば、相続税の対象となります。信託財産は、相続税務においては「みなし相続財産」という形で相続税の対象となります。「みなし相続財産」とは聞いたことがない言葉であると思います。

しかし、大家さんであれば、「みなし相続財産」となるものとして、聞いたことがあるものがあります。「みなし相続財産」には、死亡保険金があげられます。

死亡保険金は、亡くなったAさん固有の財産ではありません。死亡保険受取人をBさんに設定しておけば、Bさんが受け取った死亡保険金はBさんの財産です。しかし、Aさんが亡くなったことにより、Bさんが得られたお金ですので、「みなし相続財産」として、相続税の課税対象です。

死亡保険金は、相続税の対象ではないと勘違いしている人がいますが、まったく違います。死亡保険金には、非課税枠というものが存在しているにすぎません。この非課税枠が500万円×法定相続人の人数になります。多くの場合、非課税枠内で死亡保険金をかけるので、死亡保険金は、非課税であると勘違いしているだけなのです。非課税枠を超えれば、相続税の課税対象になります。

それでは、Aさんが生前に信託財産を渡した場合にはどうなるでしょうか？

Aさんが生前に渡した場合であれば、贈与税の対象となります。

また、信託財産は、受益権という権利になっているので、どのように評価されるかということも重要です。受益権の評価額は、課税時期における信託財産の価額によって評価されます（参照：国税庁　財産評価基本通達２０２）。

ですから、相続税の対策は、家族信託®ではなく、別に行う必要があります。ただし、条件を満たせば、相続税を申告する際に、小規模宅地の特例なども適用されるということになります。

とくに注意するべきは、相続税の対策になると話している専門家がいるということです。その方法として、話しているものが「複層化信託」です。複層化信託は難しいものであり、税務上においてどのような対応になるかがわかっておりませんので、注意が必要です。

複層化信託は、受益権を元本受益権と収益受益権に分割する信託のことをいいます。信託財産を相続、贈与する場合に考える方法の一つになっています。

「元本受益権」とは、信託期間終了時にすべての信託財産を受け取る権利です。

「収益受益権」とは、信託期間中に信託財産から生じる収益を受け取る権利です。

不動産でいうと、元本受益権は、土地や建物の部分といえるでしょう。収益受益権は、賃料といえるでしょう。

たとえば、元本受益権をCさんに、収益受益権をBさんにあげたとします。10年後、収益受益権をBさんからCさんにあげることにします。このときの元本受益権と収益受益権の評価が非常に難しいといえます。

不動産が信託財産であれば、信託財産を評価することにより、受益権の価額を算出することは可能であると考えます。一方で、元本受益権と収益受益権に分割した場合に、元本受益権と収益受益権を正確に評価するのは難しい問題といえます。

収益受益権は、信託期間中に信託財産から発生する利益を受け取る権利であるため、信託期間の残存年数が少なくなれば、評価額が少なくなります。最終的には、０（ゼロ）になります。

受益権＝元本受益権＋収益受益権ですから、信託期間の残存年数が少なくなれば、元本受益権の評価額が大きくなることを意味します（**図５―１参照**）。

たとえば、Ｂさんに収益受益権をあげるときに信託財産の95％で収益受益権を評価すると、Ｃさんにあげる元本受益権は信託財産の５％で評価されることになります。それでは10年後、収益受益権をＢさんからＣさんにあげるときには、収益受益権を信託財産の０％で評価すると、元本受益権は１００％になります。

この方法で相続税や贈与税の節税を行うことが可能であれば、節税になるかもしれません。しかし、本当に税金を節税することができるかどうかはわかりません。元本受益権、収益受益権の評価方法によっては、租税回避行為といわれる可能性もあり、後々、税金の支払いを要求されるかもしれません。節税することができるから複層化信託に安易に手を出すのではなく、リスク、デメリットを理解したうえで、行ってもらいたいと考えます。

図 5-1

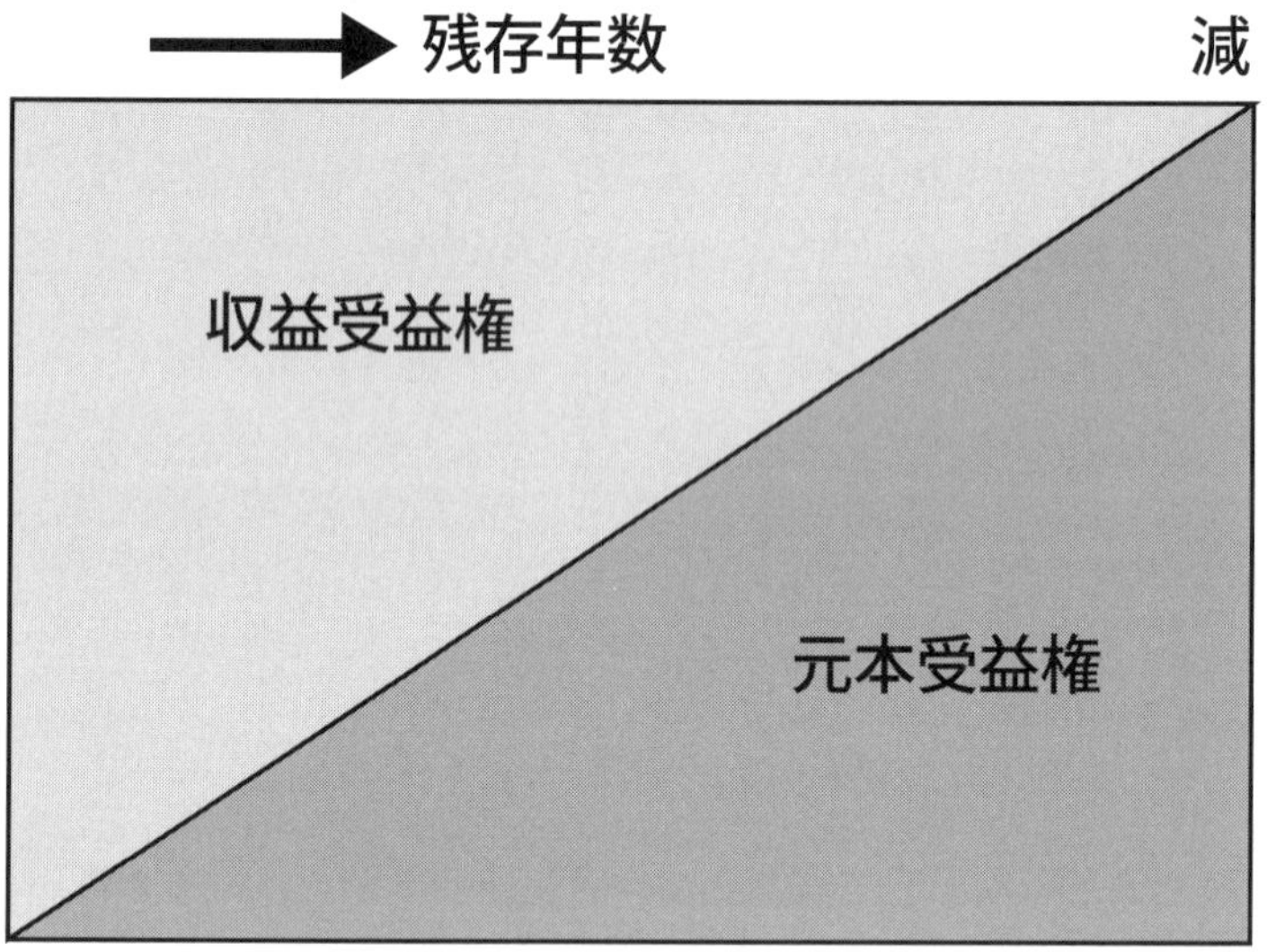

②　所得税

所有者Aさんが家族信託®を行ったとして、受益者がAさんであれば、利益を得る人は変わりません。大家さんであれば、賃料が入ってきます。この場合、家族信託®を行う前でも行った後でも利益を得る人はAさんのままです。Aさんの確定申告において、所得税を申告し、納税することになります。ですから、家族信託を行う前とまったく変わりません。つまり、所得税の節税にはなりません。

大家さんであれば、特に注意しなければならないことがあります。それは、損益通算の禁止です。所有者Aさんが家族信託®を行う前は、不動産の所有権を持っている状態です。この場合、Aさんは、不動産における損失を他の所得と損益通算することができます（くわしい条件は、個別に異なりますので、税理士にご相談することをオススメいたします）。そして、個人であるため、3年間であれば、損益を繰越すことも可能です。

一方で、所有者Aさんが家族信託®を行った後は、Aさんは、信託財産における受益権を持っている状態です。Aさんの固有財産と信託財産における所得を損益通算することができません。固有財産は固有財産の中で損益通算は可能であり、信託財産は信託財産の中で損益通算は可能です（くわしい条件は、個別で異なりますので、税理士にご相談することをオススメいたします）。また、損失を繰越すこともできません（参照：租税特措法41

条の4の2)。

大家さんであれば、理解されていると思いますが、不動産を購入した年には、損失が出ることが多いです。不動産を購入するのであれば、信託財産からの所得と損失を合算して、赤字が多くならないような不動産を購入することを考える必要があります。賃貸業を行っている士業の先生であれば、わかっていることでしょうが、不動産賃貸業を行っていない士業の先生は、わからないことでしょう！　大家さんにとっては、非常に重要な問題です。大家さんであれば、損益通算の禁止について、説明してくれる専門家であるか必ず確認しましょう！

さらに、家族信託®を行った場合には、税務署に対して、信託財産に関する計算書を提出することになります。これは、毎年1月31日までに前年の信託財産に関して、書類を提出することになります。信託財産に関する計算書を伝えない専門家もいます。信託財産に関する計算書の提出は、受託者の義務になりますので、お忘れにならないようにしてください！

図5-2

信託に関する受益者別（委託者別）調書

受益者	住所（居所）		氏名又は名称	
			個人番号又は法人番号	
特定委託者	又は		氏名又は名称	
			個人番号又は法人番号	
委託者	所在地		氏名又は名称	
			個人番号又は法人番号	

信託財産の種類	信託財産の所在場所	構造・数量等	信託財産の価額

信託に関する権利の内容	信託の期間	提出事由	提出事由の生じた日	記号番号
	自　・　・ 至　・　・		・　・	

（摘要）

（　　年　　月　　日提出）

受託者	所在地又は住所（居所）	（電話）
	営業所の所在地等	（電話）
	名称又は氏名	
	法人番号又は個人番号	

整理欄	①	②

358

○「個人番号又は法人番号」又は「法人番号又は個人番号」欄に個人番号（12桁）を記載する場合には、右詰で記載します。

年　月分　信託に関する受益者別（委託者別）調書合計表

税務署受付印

処理事項	通信日付印	検収	整理簿登載	身元確認
	※　・　・	※	※	※

年　月　日提出

税務署長 殿

提出者	住所（居所）又は所在地	電話（　－　－　）	整理番号	
	個人番号又は法人番号（注）	↓個人番号の記載に当たっては、左端を空欄とし、ここから記載してください。	調書の提出区分（新規=1、追加=2、訂正=3、無効=4）	提出媒体 / 本店一括 有・無
	フリガナ 氏名又は名称		作成担当者	
	フリガナ 代表者氏名印	㊞	作成税理士署名押印	税理士番号（　）㊞ 電話（　－　－　）

提出事由	信託財産の種類	提出枚数	受益者数	特定委託者数	委託者数	信託財産の価額
効力発生	□金銭　□有価証券 □金銭債権□不動産 □その他（　）	枚	人	人	人	円
受益者変更	□金銭　□有価証券 □金銭債権□不動産 □その他（　）					
信託終了	□金銭　□有価証券 □金銭債権□不動産 □その他（　）					
権利内容変更	□金銭　□有価証券 □金銭債権□不動産 □その他（　）					
計						

（摘要）

○　提出媒体欄には、コードを記載してください。（電子＝14、FD＝15、MO＝16、CD＝17、DVD＝18、書面＝30、その他＝99）
（注）　平成27年12月分以前の合計表を作成する場合には、「個人番号又は法人番号」欄に何も記載しないでください。

（用紙 日本工業規格 A4）

○平成28年1月1日以後提出用

図 5-3

信託の計算書

（自　　年　月　日至　　年　月　日）

信託財産に帰せられる収益及び費用の受益者等	住所(居所)又は所在地	
	氏名又は名称	
元本たる信託財産の受益者等	住所(居所)又は所在地	
	氏名又は名称	
委託者	住所(居所)又は所在地	
	氏名又は名称	
受託者	住所(居所)又は所在地	
	氏名又は名称	(電話)
	計算書の作成年月日	年　月　日

信託の期間	自　年　月　日 至　年　月　日	受益者等の異動	原因	
信託の目的			時期	

受益者等に交付した利益の内容	種類		受託者の受けるべき報酬の額等	報酬の額又はその計算方法	
	数量			支払義務者	
	時期			支払時期	
	損益分配割合			補てん又は補足の割合	

収益及び費用の明細

	収益の内訳	収益の額		費用の内訳	費用の額
収益		千　円	費用		千　円
	合計			合計	

資産及び負債の明細

	資産及び負債の内訳	資産の額及び負債の額	所在地	数量	備考
資産		千　円			
	合計		(摘要)		
負債					
	合計				
資産の合計－負債の合計					

整理欄	①	②

357

自　年　月　日
至　年　月　日

信託の計算書合計表

処理事項	通信日付印		検収	整理簿登載
	※ ・・		※	※

税務署受付印

年　月　日提出

税務署長 殿

提出者	所在地	電話（　－　－　）	整理番号	
			調書の提出区分（新規=1、追加=2 訂正=3、無効=4）	提出媒体
	フリガナ 名称		作成担当者	
	フリガナ 代表者 氏名印	㊞	作成税理士 署名押印	税理士番号（　）㊞ 電話（　－　－　）

信託財産の種類	件数	収益の額	費用の額	資産の額	負債の額
金銭	件	円	円	円	円
有価証券					
不動産					
その他					
計					

（摘要）

提出媒体欄には、コードを記載してください。（MT=11、CMT=12、電子=14、FD=15、MO=16、CD=17、DVD=18、書面=30、その他=99）

（用紙　日本工業規格　A４）

③固定資産税、都市計画税

所有者Aさんが家族信託®を行ったとして、受託者がCさんであれば、名義人が変わったことになります。家族信託®を行うことにより、Aさんの財産からAさんの信託財産に変わりました。とはいえ、Aさんの財産であることに変わりはありません。しかし、名義の人が変わっているので、固定資産税、都市計画税の通知は、名義人となっている受託者であるCさんに届きます。

ですから、名義人となっている受託者であるCさんがAさんの信託財産から支払うことになります。支払う人がAさんからCさんに変更になったとはいえ、固定資産税、都市計画税は家族信託®する以前と同様に支払うことになります。家族信託®を行ったことにより、固定資産税、都市計画税が増税、減税されることはありません。ただし、固定資産税、都市計画税に関しては、3年ごとの評価替えにより税額が変更される可能性はあります。

④不動産取得税

所有者Aさんが家族信託®を行ったとして、受益者がAさんであれば、利益を得る人は変わりません。Aさんが新たに不動産を取得したわけではありません。Cさんが新たに不動産を取得したわけではありません。ですから、不動産取得税はかかりません。

⑤登録免許税

不動産の場合には、名義、権利の持ち主を明確にするために、登記を行います。名義と権利の両方を持っている人が所有者になります。家族信託®を行った場合、名義と権利（受益権）が分離しますので、名義の持ち主と権利（受益権）の持ち主を明確にするために登記をします。権利の登記を入れるためには、登録免許税が必要になります。

所有者Ａさんが家族信託®を行ったとして、受託者がＣさんであれば、名義人が変わったことになります。Ａさんは、受託者をＣさんに指定して、信託財産の管理を任せるわけですから登録免許税は受託者のＣさんの財産から支払うのではなく、Ａさんの財産からＣさんに支払ってもらうことが良いでしょう！

ちなみに、登記簿には、

委託者：○○○○
受託者：○○○○
受益者：○○○○

というように表示されます。

このように、家族信託®を行ったとしても、税金の対策にはなりません。ですから、税金の対策を行うのであれば、税金の対策も考えながら、家族信託®を行うための信託契約書を作成する必要があります。

図5-4

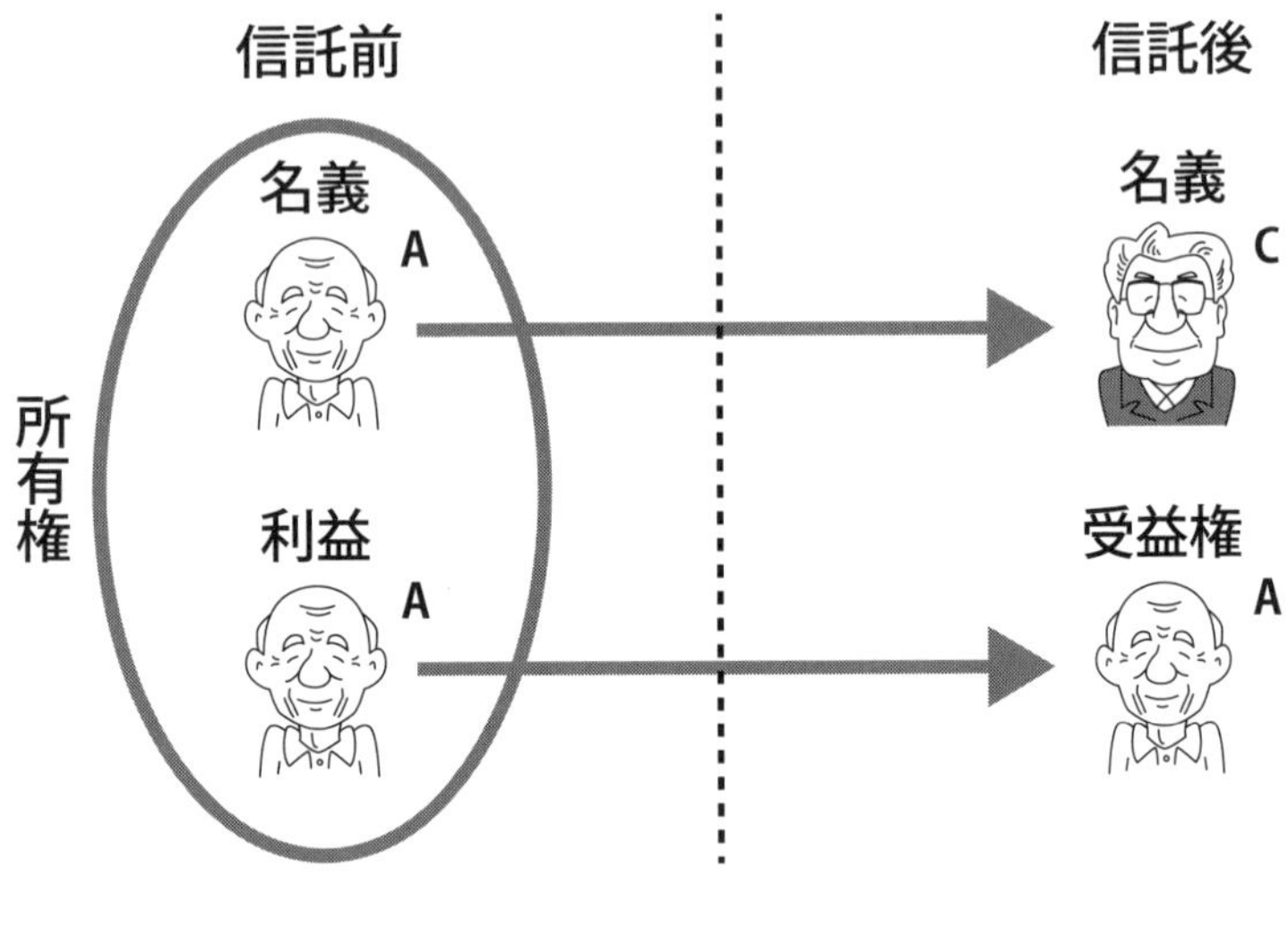

4 信託報酬には気をつける

所有者Aさんが家族信託®を行ったとして、受託者がCさん、受益者がAさんであれば、Aさんの信託財産を管理する人はCさんです。家族信託®では、原則、受託者に報酬を渡すことは考えておりませんが、多くの不動産を信託財産に組み入れている場合、管理することが大変な場合もあります。このような場合に、Cさんに報酬を渡すことができないかというと、そうではありません。しかし、さまざまな条件があります。

①AさんとCさんが生計一の親族である
②AさんとCさんの生計は別であるが、CさんがAさんの法定相続人である

①、②のどちらにおいても、所得税法56条の規定を確認する必要があります。所得税法56条の規定には、このように書かれています。

（事業から対価を受ける親族がある場合の必要経費の特例）

第56条　居住者と生計を一にする配偶者その他の親族がその居住者の営む不動産所得、事業所得又は山林所得を生ずべき事業に従事したことその他の事由により当該事業から対価の支払を受ける場合には、その対価に相当する金額は、その居住者の当該事業に係る不動産所得の金額、事業所得の金額又は山林所得の金額の計算上、必要経費に算入しないものとし、かつ、その親族のその対価に係る各種所得の金額の計算上必要経費に算入されるべき金額は、その居住者の当該事業に係る不動産所得の金額、事業所得の金額又は山林所得の金額の計算上、必要経費に算入する。この場合において、その親族が支払を受けた対価の額及びその親族のその対価に係る各種所得の金額の計算上必要経費に算入されるべき金額は、当該各種所得の金額の計算上ないものとみなす。

所得税法56条は長いので、傍線部で示した部分を確認してみましょう！

①の場合、AさんとCさんは生計一の親族になりますから、信託報酬は、経費算入することができないことになります。これは、Aさんの所得税において、確定申告をする際に、Cさんへの信託報酬は経費算入できないことを意味します。もし、Cさんへの信託報酬を

経費算入していた場合には、修正申告を求められることになります。気をつけると同時に、Cさんへの信託報酬の支払いをやめたほうがよいと考えます。

②の場合、AさんとCさんの生計は別であるが、CさんがAさんの法定相続人ですから、Aさんの資産をCさんに移しているのではないかと思われる可能性があります。Cさんへの信託報酬を経費算入していた場合に、修正申告を求められるかどうかはわかりません。そのため、まず、信託報酬の額を適正にする必要があるでしょう！　信託報酬が高額であると、Aさんの資産をCさんに移しているのではないかと疑われることになります。それでも、Cさんへの信託報酬を経費算入することを認めてもらえない可能性もあるということは考えておきましょう！

それでは、Cさんは報酬をもらうことはできないのでしょうか？

受託者Cさんとしてもらうことは難しいかもしれません。しかし、次に示すことを満たすことができれば、Cさんが報酬をもらうことは可能であると考えます。

①生計一の親族でなければ良い
②生計という概念とは異なる次元にすれば良い

③報酬は適正な額とする

この2点を満たすものとしては、受託者を法人にするという方法があります。Cさんを法人の役員や理事としたうえで、Cさんが法人から役員報酬をもらうという方法があります。

たとえば、D社という法人を新しく設立します。そして、所有者Aさんが家族信託®を行ったとして、受託者がD社、受益者がAさんとなります。Cさんは、D社の役員になります。家族だけが役員であり、社員となるファミリーだけの法人です。

すると、Aさんは個人であり、D社は法人です。生計一の親族とはなりません。AさんがD社の役員になっていたとしても、個人と法人は、別人格になりますので、①、②はクリアしたことになります。

そして、信託報酬を賃料の数%にします。管理会社に不動産の管理を任せている場合もあると思います。その場合には、管理会社とは、異なる業務を行う必要があります。実際には、大家さんは賃貸業の経営者ですから、管理会社と異なる業務が存在します。

賃貸業の経営には、収支分析、事業収支計画、入居者となるターゲット選定、物件のコンセプト、賃料の選定、コスト削減、バリューアップ、設備投資、修繕計画など管理会社では行うことができないことがたくさんあります。

また、信託財産を管理していることにより、信託財産の帳簿もつけなければなりません。不動産は管理会社に、信託財産の帳簿は税理士に丸投げするのではなく、しっかりと大家を承継するということも含めて、大家さん自ら行っていることが必要です。

不動産以外の信託財産の場合には、信託報酬をもらう理由を明確にする必要があるでしょう！

「株式を信託した場合には、なぜ信託報酬をもらうのか？」

「株式の銘柄を選定するだけで信託報酬をもらうことができるのか？」

信託報酬をもらう場合には、税理士と話し合いのうえで、行う必要があります。

このように、受託者を法人とし、賃料の数％を信託報酬とすることにより、家族信託®においても信託報酬をもらうことが可能であると考えます。あくまでも信託報酬とは、受託者が受益者のために、行った業務に対する報酬になります。信託報酬を賃料の何％が適切であるかについては、税理士と相談する必要があります。

ただし、信託報酬を得る法人では、不特定多数の人から反復継続して信託報酬を得る場合には、信託業法の免許もしくは登録が必要になります。ですから、もうけようと思って、信託報酬を得る目的で不特定多数の方の受託者になろうと考えるのであれば、信託業法の免許もしくは登録を行い、商事信託として、業務を行うことが必要です。

あくまでも、次の要件が満たされるからこそ、信託報酬をもらうことができるとされています。

- **家族間で行う家族信託®であること**
- **個人と法人は、別人格であること**
- **不特定多数の人から反復継続して信託報酬を得る商事信託ではないこと**
- **信託不動産の管理、経営など信託に関する業務を行うことにより、もらう報酬であること**
- **適正な信託報酬であること**

つまり受託者個人として、信託報酬をもらうのではないということであり、受託者であるファミリーだけの法人が信託報酬をもらうということです。そして、受託者であるファミリーだけの法人の役員として、役員報酬という形でもらうことができるということを忘れてはいけません。信託報酬よりも役員報酬は少なくなる場合が考えられます。

なお、株式会社の場合には、株主としての株式の持分に関する問題、株式が相続税の対象になるなどの問題があります。一方で、一般社団法人であれば、株式の持分という概念がありませんので、相続税の対象とはなりませんでした。しかし、一般社団法人等に関する相続税・贈与税の見直しがされました。相続税の節税を目的として、一般社団法人を用いる方法は、使うことができなくなりましたので、ご注意ください（参照：平成30年の税制改正の大綱）。

また、法人を使う場合には、株式会社の株主や一般社団法人の理事が認知症になってしまった場合に備えた対策も、同時に行っておく必要があることも忘れてはいけません。

5 抵当権付きの不動産は気をつける

不動産を購入する場合、金融機関から借入れを行うことが多いと思います。借入金の返済が終了している場合であれば、大家さんの判断において、不動産を家族信託®することが可能です。

一方で、借入金の返済が終了していない場合であれば、抵当権付きの不動産を家族信託®する場合には、金融機関に話して、承諾を取る必要があります。ただ、前提を忘れてはいけません。この場合、あくまでも不動産を信託財産にするのであり、負債は信託財産にするわけではないという考え方です。そして、家族信託®を行った場合には、不動産に関して、家族信託®したことを示すために、登記を変更する必要があります。

登記を変更することによって、所有者Aさんから委託者Aさん、受託者Cさん、受益者Aさんという登記内容に変更されます。

そこで問題となるのが、金銭消費貸借契約書になります。多くの場合、金銭消費貸借契約書の担保に関する条項に次のような記載がされています。

> 借主は、担保について現状を変更し、第三者のために権利を設定もしくは譲渡するときは、あらかじめ書面により銀行の承諾を得るものとする。銀行は、その変更等がなされても担保価値の減少等、債権保全に支障を生ずるおそれがない場合には、これを承諾するものとする（引用：宮崎銀行　金銭消費貸借契約条項）。

家族信託®を行うことにより、第三者に権利を設定もしくは譲渡するわけではありませんが、名義人となる受託者は、元々の所有者とは異なることになります。所有者Aさんから名義人は受託者Cさんに変わるわけですから、名義人が変更されることになります。家族信託®後は、借入金の返済を名義人である受託者Cさんが行うことになります。

所有者Aさんが認知症など判断することが難しくなってしまったときに備えて、家族信託®を行い、受託者Cさんに信託財産の管理を任せるわけです。Cさんは、賃貸業の経営とともに、借入金の返済も滞ることなく行うことが義務となります。金融機関としては、融資金額が滞りなく、返済されれば、問題はないと考えられます。むしろ、AさんからCさんに管理する人を変更することにより、借入金の返済も滞ることなく、行うことができるようになるわけですから、金融機関にとっても、メリットが大きいと考えられます。

一方で、金融機関としては、所有者Aさんに融資したわけですから、突然、名義人である受託者Cさんに変更されると、困るわけです。

金融機関側の立場に立てば、AさんからCさんに管理する人を変更することについて、連絡がなければ、最悪の場合、借入金の返済が行われないのではないかと考えるかもしれません。金融機関としては、Aさんを信用して融資しているわけです。AさんからCさんに管理する人を変更することについて、連絡しないという行為は、金融機関にとってみれば、金融機関とAさんとの間の信頼関係をAさん側から毀損させたとみなすこともできます。

ですから、金融機関とAさんとの間の信頼関係を継続していくためには、家族信託®を行う前に金融機関に対して、所有者Aさんから受託者Cさんに管理する人を変更することを連絡し、金融機関と話し合うことが必要です。

そのうえで、AさんからCさんに管理する人を変更するとともに、今後の借入金の返済方法を確定し、金融機関に承諾してもらうことが一番良い方法といえるでしょう!

現在では、信託口口座を開設してもらえる金融機関が増えてきましたので、信託口口座を選択することが可能な状態になりつつあります。ただし、金融機関は、信託口口座を開設する前に信託契約書の内容を確認し、場合によっては、信託契約書の内容変更を伝えてくることもあります。そのうえで、借入金の返済方法を決めて、信託口口座を開設するということになります。

とはいっても、まだまだ信託口口座を開設してもらえる金融機関ばかりではありません。信託口口座を開設してもらえない金融機関から融資してもらっている場合には、どうすれば良いでしょうか？　次の3つが考えられます。

①現行の金融機関が信託口口座を開設してもらえるまで待つ
②信託口口座を開設してもらえる金融機関に借り換えを行う
③金融機関に連絡せずに、家族信託®を行う

①現行の金融機関が信託口口座を開設してもらえるまで待つ

この方法をとった場合、メリットは、現行の金融機関ですので、信託財産に入れる予定の不動産について、いちいち説明する必要はありません。返済の実績も担保評価も金融機関が把握できています。

デメリットは、いつ、認知症などの判断することが難しくなるかはわかりません。いつ、現行の金融機関が信託口口座を開設してもらえるかもわかりません。スピード感を持って、家族信託®を行いたい場合には、合わない方法かもしれません。

②信託口口座を開設してもらえる金融機関に借り換えを行う

この方法をとった場合、メリットは、信託口口座を開設してもらえる金融機関ですので、信託口口座を開設することは可能であると考えます。ただし、信託口口座を開設する前に信託契約書の内容を確認し、場合によっては、信託契約書の内容変更を伝えてくることもあります。

デメリットは、借り換えに応じてくれるかどうかを確認する必要があります。また、借り換えた場合の金利が借り換える前と比較して、低くなれば良いですが、低くなるとは限りません。

さらに借り換えをする場合には、借り換え前の金融機関の抵当権を抹消してもらい、借り換え後の金融機関において、新たに抵当権を設定することになります。抵当権を設定するためには、債権金額の0・4％の登録免許税を支払うことになります。新たに登録免許税を支払ったとしても、金利が下がり、返済額の減少と新たな登録免許税の額を考慮したときに、トータルで借り換えをしたほうが得になるのかということはシミュレーションしてみないとわかりません。金利が下がらなくても、信託口口座を作成することができるだけで問題ないのか？　ということも考えておかなければなりません。

③金融機関に連絡せずに、家族信託®を行う

そもそも、金融機関の承諾を得ることなく、家族信託®を行うことは可能です。メリットは、金融機関から信託契約書の内容について、何も言われることはないということです。また、金融機関の承諾を待っていると、間に合わないと判断される場合には、スピード感を持って、家族信託®を行う必要がありますので、この方法を取ることも考えられます。デメリットは、金融機関の承諾を得ていないので、信託口口座を開設することができないということです。

家族信託®を行う際には、あくまでも、Aさんの固有財産と信託財産、受託者のCさんの財産に関して、Cさんが分別管理する義務が生じているだけであり、信託口口座を開設しなければならないわけではありません。しかし、Cさんが分別管理している事実を客観的に示すためには、信託口口座が最適な方法であることに間違いはありません。したがって、信託口口座を開設することができない場合には、Cさんが分別管理している事実を客観的に示すために、不正な流用をしていない事実を示すために、慎重に管理をする必要が

あります。

連絡せずに名義を変更するという行為は、金融機関にとってみれば、金融機関との信頼関係を毀損させたとみなすこともできます。

③の方法を取る場合には、慎重に行うことをオススメいたします！

①、②、③のいずれの方法をとったとしても、メリット・デメリットがあります。

なお、借入金については、もともとAさんが金融機関から借り入れたものですから、財産の管理を任される人（受託者）Cさんが返済していたとしても、通常はAさんの債務であると考えられます。つまり、相続税を算出するときの債務であると考えられます。

6 受託者の借入れの問題を考える

受託者Ｃさんが財産の受託者として、借入れを行うことができるのか？　借入れするとどうなるのか？

大家さんにおいても専門家においても、非常に気になる問題であり、敏感にならざるを得ない問題であると思います。受託者の借入れの問題で一番問題になることは、受託者として借り入れたお金が委託者兼受益者の債務として認められるかどうかということです。なぜなら、相続税の節税対策において、金融機関から借入れを行い、不動産を購入することが多いからです。

この問題には、次の２つの説が考えられます。

①財産の管理を任される人（受託者）として借り入れたお金が財産の管理をお願いする人（委託者）兼利益を受ける人（受益者）の債務になり、相続税を算出する際の債務として認められるという説

②財産の管理を任される人（受託者）として借り入れたお金が財産の管理をお願いする人

（委託者）兼利益を受ける人（受益者）の債務にはならないので、相続税を算出する際の債務として認められないという説

相続税を算出する際の債務として認められるか認められないかによって、相続税が大きく変わってくることになります。相続税の計算が変わる場合には、修正申告などが必要になってきます。当然のことながら、相続税をさらに支払う必要が出てきますので、大きな問題です。

現状では、最高裁判所の判決がまだ出ておりませんので、どちらとも判断することができません。②の債務として認められない説をとる場合には、受託者として、借入れを行うことはないでしょうから、相続税の計算が大きく変わることは少ないでしょう。

一方で、①の債務として認められる説をとる場合には、財産の管理を任される人（受託者）として、借入れを行うことになりますから、相続税を算出する際の債務として認められるか認められないかによって、相続税が大きく変わってくることになります。非常に重要な問題です。

それでは、①、②の説について、なぜ、主張が異なるのか？　説明をしていきます。

各説について説明する前に、次の3つの前提があります。

- **民法という観点で考えた場合にどうなるか？**
- **信託法という観点で考えた場合にどうなるか？**
- **相続税という観点で考えた場合にどうなるか？**

世の中では、これら3点をごちゃごちゃにして議論している気がしてなりません。これら3点が関わるちょうど法律のきわの部分であるということです。そのため、これら3点が関わってくるということを頭に入れたうえで、各説を説明していきます。

①受託者として借り入れたお金が財産の委託者兼受益者の債務になり、相続税を算出する際の債務として認められるという説

まず、この説をとったとしても、相続税の節税だけが目的である場合には、租税回避行為とみなされる可能性があるということを主張しています。租税回避行為とみなされた場合には、相続税を算出する際の債務として認められないことになります。相続税の節税だけが目的である家族信託®を組んではならないということは大家さんとして、十分に頭に入れておきましょう！

そのうえで、相続税の節税だけが目的である家族信託®を組まないという前提に立ったうえで、信託契約書に受託者として借入れすることを記載しておくことが必要であると主張しています。

それでは、相続税という観点で考えた場合どうなるか？

つまり、相続税を算出する際の債務として認められると主張する理由を説明していきます。

次の相続税法9条の2第6項に規定されていることを根拠とする主張です。

> 第1項から第3項までの規定により贈与又は遺贈により取得したものとみなされる信託に関する権利又は利益を取得した者は、当該信託の信託財産に属する資産及び負債を取得し、又は承継したものとみなして、この法律（第41条第2項を除く。）の規定を適用する。ただし、法人税法（昭和40年法律第34号）第2条第29号（定義）に規定する集団投資信託、同条第29号の2に規定する法人課税信託又は同法第12条第4項第1号（信託財産に属する資産及び負債並びに信託財産に帰せられる収益及び費用の帰属）に規定する退職年金等信託の信託財産に属する資産及び負債については、この限りでない。

傍線で示した部分を確認する限りでは、相続税法の観点で考えると、受託者が行った借入れは、委託者兼受益者の債務になるという主張です。ここで気をつけるべきことは、国税庁が判断をすることになるということです。そして、国税庁の判断に異議がある場合には、最終的に裁判を行うことになります。現状では、まだ最高裁の判断は出ていないということです。したがって、債務として認められる①の説にしたがって、受託者が借入れを行う場合には、リスクを理解したうえで、大家さんとして、自ら判断して行う必要があります。

②受託者として借り入れたお金が委託者兼受益者の債務にはならないので、相続税を算出する際の債務として認められないという説

そもそも、民法という観点で考えた場合にどうなるか？

信託法という観点で考えた場合にどうなるか？　という立場から主張しています。

受託者が取り扱うことができるものは、信託財産に属する財産である、財産ではない借入は行うことができない、金銭消費貸借契約は信託法の範ちゅうではなく、民法の範ちゅうであるという主張をしています。

信託法２条３項に記載されていることを根拠とする主張です。

この法律において「信託財産」とは、受託者に属する財産であって、信託により管理又は処分をすべき一切の財産をいう。

信託財産はプラスである財産のことを指しており、債務とは債権者が所有する財産であり、信託財産であるとはいえないと説明しています。

これだけ聞くと、何のことやら理解しづらいと思います。家族信託®とは、関係ないもので考えてみましょう！

たとえば、国債の場合を考えてみると、国債は、日本国が発行する債券です。現在では、個人向け国債も発行しています。国債の場合では、お金を借りる側が日本国であり、お金を貸す側が個人や法人になります。お金を借りる側が債務者であり、お金を貸す側が債権者となりますので、債務者は日本国、債権者は個人や法人です。債権者には、半年ごとに年2回利子が支払われます。お金を貸す側の財産を貸すことで、債務となりえているわけですから、債務は債権者が所有する財産ということを理解することができると思います。

不動産の場合を考えてみると、お金を借りる側が大家さんであり、お金を貸す側が金融機関になりますので、債務者は大家さん、債権者は金融機関です。ですから、大家さんの債務は、金融機関が所有する財産になります。

例から考えると、受託者が取り扱うことができるものは、信託財産に属する財産であり、財産ではない借入れは行うことができないと考えられます。信託財産はプラスである財産のことを指しており、債務とは債権者が所有する財産であり、信託財産であるとはいえないということが理解できたと思います。

また、金融機関から融資を受けるということは、金銭消費貸借契約を締結するということです。金銭消費貸借契約は、民法で規定されたものであり、信託法で規定されたものではありません。そのため、信託法の範ちゅうで存在する受託者は、民法の範ちゅうでは存在しません。民法では存在しない受託者には、金銭消費貸借契約を締結する権限がそもそも存在しないということを主張しています。

ですから、受託者として借入れを行うことはできないため、受託者として借り入れたお金が委託者兼受益者の債務にはなりません。委託者兼受益者の債務にならなければ、相続税を算出する際の債務として認められないという主張です。

債務として認められない②の説をとった場合に、受託者として借入れを行った場合には、どうなるのでしょうか？

受託者は、委託者兼受益者のために、借入れを行う代理権を持っているわけではないと解釈することができます。そのため、受託者の行為が無権代理行為に問われる可能性があると主張しています。

それでは、②の説をとった場合には、まったく借入れすることができないのかといえば、借入れできないわけではないと主張しています。そのかわり、受託者が借入れをするわけではありません。

次に示す２つの方法があると主張しています。

②—1　後見人は、借入れに関する代理権を持っている

②—2　財産の管理をお願いする人（委託者）兼利益を受ける人（受益者）が借入れする

それぞれについて説明します。

②—1　後見人は、借入れに関する代理権を持っている

後見人は借入れに関する代理権を持っているので、後見人の判断により、借入れを行うことは可能です。法定後見人でも任意後見人でも借入れに関する代理権を持つので、借入れは可能であると主張しています。

ただし、実務上、法定後見人が、借入れを良しとすることはないでしょう！　法定後見人は、財産の保護することが目的です。法定後見人の仕事を裁判所がチェックします。裁判所が借入れを良しとすることがなければ、法定後見人が、借入れを良しとすることはできないからです。

一方で、家族を任意後見人にした場合には、借入れが可能であるかというとやはり難しいといえるでしょう。任意後見人おいても、法定後見人と同様であると考えられます。裁判所が借入れを良しとすることがなければ、借入れは認められないでしょう。

法律上は、認められるけれども、実務上はほぼ不可能であるだろうと主張しています。

②―２　委託者兼受益者が借入れする

そもそも、認知症などの判断能力がなくなってから、借入れを行うことが不適切です。もし借入れを行うのであれば、認知症などの判断能力がなくなる前にやっておくべきであると主張しています。

つまり、委託者兼受益者が借入れを行い、資産となった金銭、不動産を信託財産とすれば、受託者が不動産を含む信託財産を管理することができます。

一方で、委託者兼受益者が借り入れたものですから、委託者兼受益者の債務になります。大家さんであれば、毎年、確定申告を行っているはずですので、貸借対照表はご存知であると思います。貸借対照表で考えるとわかりやすいでしょう！

金融機関から借入れを行えば、負債に記録されます。借入れを行うと、現金が通帳に記載されますので、資産が増えます。資産にも記録されることになります。資産に記録されたものを信託財産とするわけです。債務として認められない②説では、負債は信託財産にすることはできないということですので、この方法であれば、資産を信託財産としただけで、負債は信託財産にはしておりません。

実は、抵当権付きの不動産を信託財産にするときと同様です。抵当権付きの不動産を信託財産にするときと異なるところは、抵当権付きの場合には、金融機関から借入れを行った後であるのに対して、委託者兼受益者が借り入れる場合には、金融機関から借入れを行う前から金融機関とやりとりを行うことになるというところが異なります。

①説、②説を説明してきましたが、前述したように①説では、相続税の観点で考えていることに対して、②説では、民法、信託法の観点で考えていることになります。

非常に重要なことですので、繰り返しますが、最高裁判所の判決がまだ出ておりませんので、どちらとも判断することができません。また、国税庁の見解も出ておりませんので、どちらとも判断することができません。各説のメリット・デメリット、現状を理解したうえで、どうするべきであるかということを大家さん自ら判断することが重要です。

「〇〇先生が言っていたから、問題ありません」と説明する専門家を信頼することができるかどうか、各説のメリット・デメリットを説明することができない専門家であれば、本当に任せて良いのかということを、大家さん自ら判断することが必要です。各説のメリット・デメリッ

図 5-5

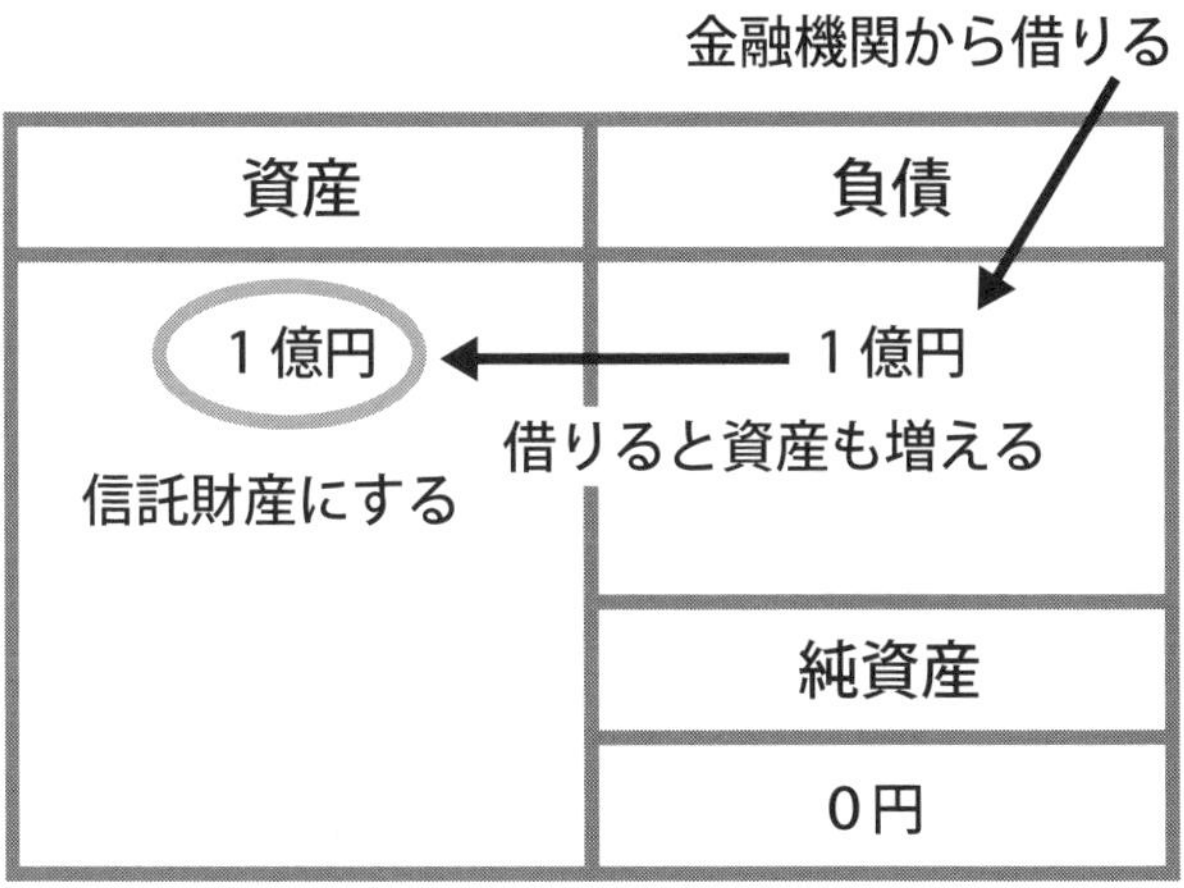

トを享受するのは、大家さんとその家族なわけですから、理解、確認、判断をサボってはいけませんよ‼

私は、原理原則にしたがうことが必要であると考えております。「原理原則」とは、民法で考えるべきものは民法で、信託法で考えるべきものは信託法で、相続税法で考えるべきものは相続税法で考えるということです。

突然、認知症などの判断能力がなくなってしまった場合には、致し方ないことかもしれませんが、まだまだ元気で健全であるときには、将来のことを見越して、対策を講じておくべきであると考えます。

個人的な見解としては、債務として認められない②説のほうがリスクが少ないのではないかと考えております。

そして、①説をとろうが、②説をとろうが、元気で健全であるときから、将来のことを見越して、少しずつでも対策を講じておくべきであると考えます。突然、対策を講じようと考えたとしても、その時々に応じて、金融機関の融資状況、不動産市況、大家さん本人の状況、大家さんの家族の状況、資産と負債の状況など、さまざまなものが変わります。見合う不動産が見つかるとも限りませんし、金融機関から必ず融資を受けられるとは限りません。やはり、早め早めに対策を講じることが重要であると考えます。

図 5-6　問題になっている借入れの方法

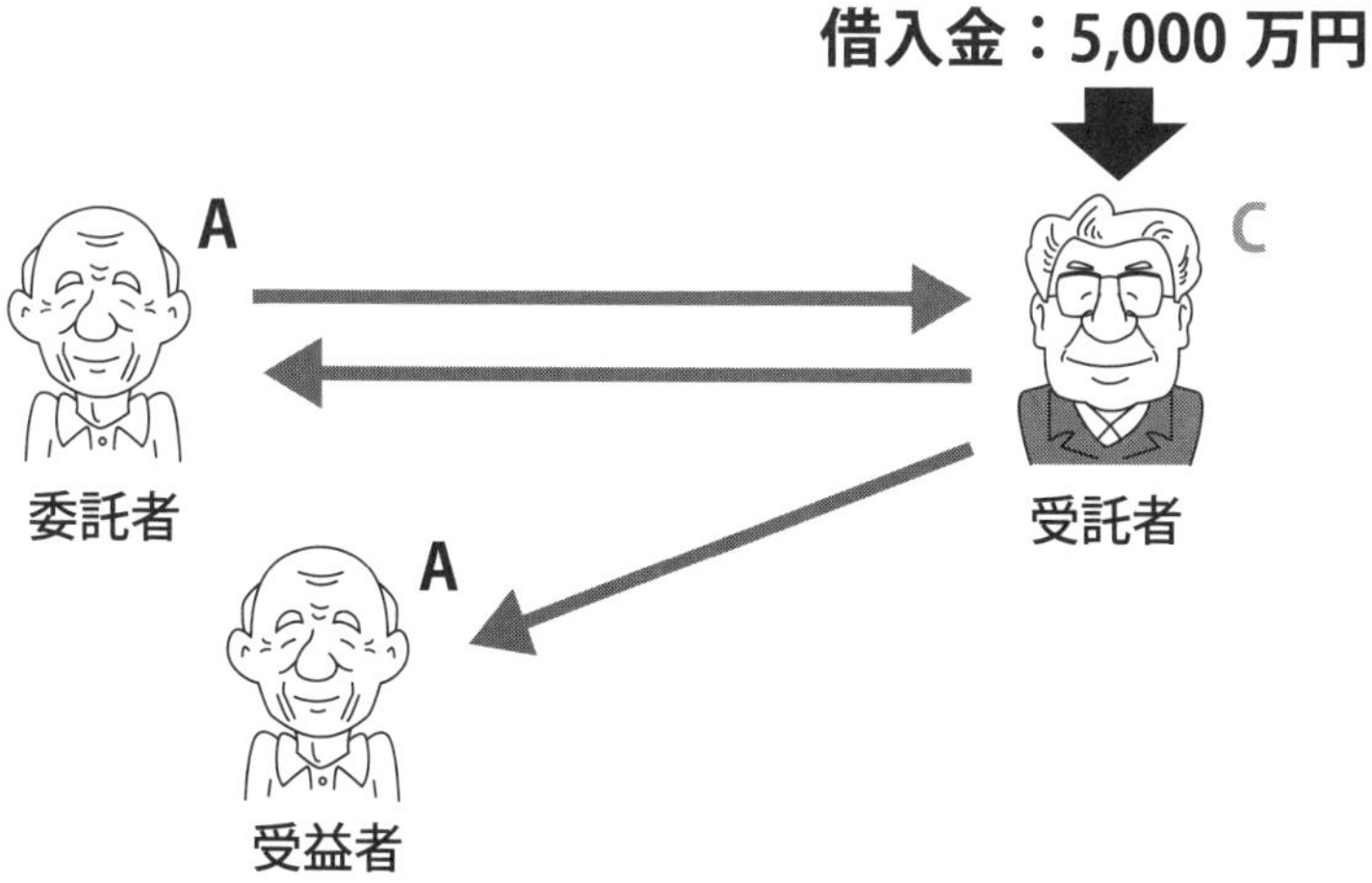

図 5-7　委託者が借入れを行えば、問題にはならない

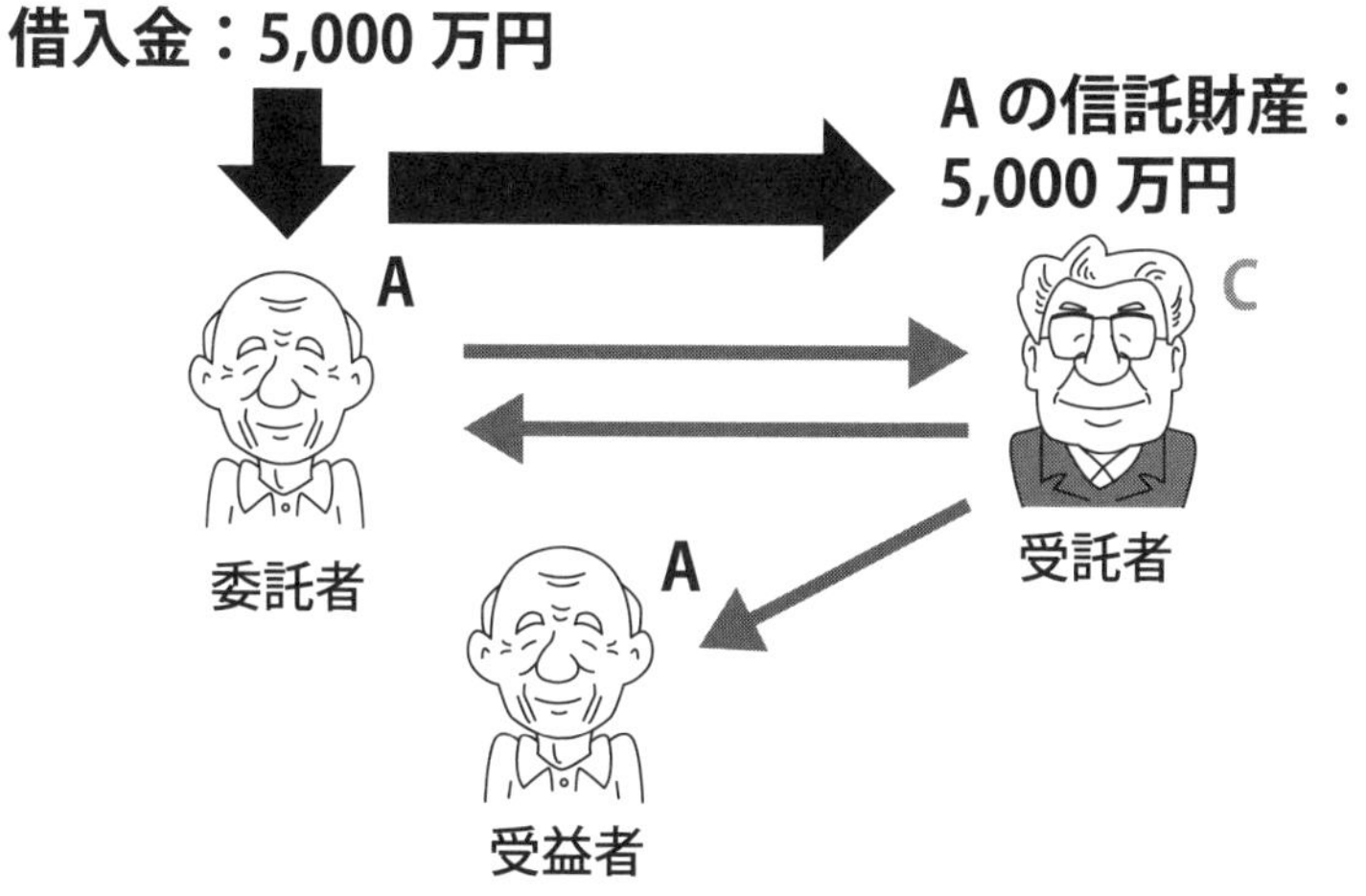

図 5-8 借入れを行う前

資産	負債
0円	0円
	純資産
	0円

図 5-9 借入れを行った後

資産	負債
1億円	1億円
	純資産
	0円

7 遺留分の問題はつきまとう

分割対策、承継対策まで考えた場合においては、資産をどのように分割するのか？　承継するのか？　を考えなければなりません。このとき、考慮するべきことは、遺留分です。

遺留分は、民法の範囲であり、信託財産は、信託法の範囲であるため、家族信託を行うと、遺留分を考えなくて良いかといわれます。

信託契約を行った場合について、遺留分を考慮する必要があるのかないのかについては、最高裁の判例がまだ出ていませんので、考えておく必要があると考えられます。さらに、信託財産における遺留分の考え方にも各説があります。

遺留分には、次の2説があります。

①信託財産説
②受益権説

この2説は、根本的な考え方が異なります。そもそも、遺留分を請求するということは、遺留分を侵害されているということが前提となります。

信託財産にすることによって、侵害された遺留分が存在する場合において、遺留分の渡し方に違いが出てきます。

①信託財産説

この信託財産説をとる場合、信託財産における侵害された遺留分の分において、信託契約が無効であるという主張です。信託財産における侵害された遺留分の分は、通常の所有権になります。請求された遺留分を渡すときには、信託財産における侵害された遺留分の所有権を渡すことになります。

そうなると、せっかく信託財産にしたにもかかわらず、通常の共有状態となんら変わりません。信託財産に不動産が含まれていれば、共有状態になっていますので、売却は共有者全員の合意が必要となります。何のために信託財産にしたのかわからない状態になりかねないといえるでしょう。

たとえば、不動産の持分80%が信託財産、20%が所有権という状態です。通常の共有状態と比べて、さらにごちゃごちゃになってしまったような状態です。

これが信託財産説です。

②受益権説

一方で、受益権説を取る場合、信託財産における侵害された遺留分の分において、受益権を渡すことによって、請求された遺留分を渡したことになります。信託財産説とは異なり、通常の共有状態とはなりません。信託財産に不動産が含まれていれば、受益権を分けているだけで、受託者がそのまま不動産に関する管理、運用、処分を行うことができます。

賃貸業の場合であれば、受益権を有する人に持分の割合に応じた賃料を支払えば問題ありません。固定資産税を支払わなければならない月もあるでしょうし、経費が多くかかってしまう月もあるでしょう。賃貸業を行ううえで、受託者が信託財産としてストックしておかなければ、対応できないこともあります。受益者に毎月払い出す必要はないであろうと主張しています。

個人的な意見としては、①信託財産説であると、不動産が共有状態になってしまうのでやっかいであると思います。一方で、②受益権説であると、不動産賃貸業としては、経営しやすいと考えます。そのため、②受益権説であることを願いたいです。

図 5-10 信託財産説の考え方

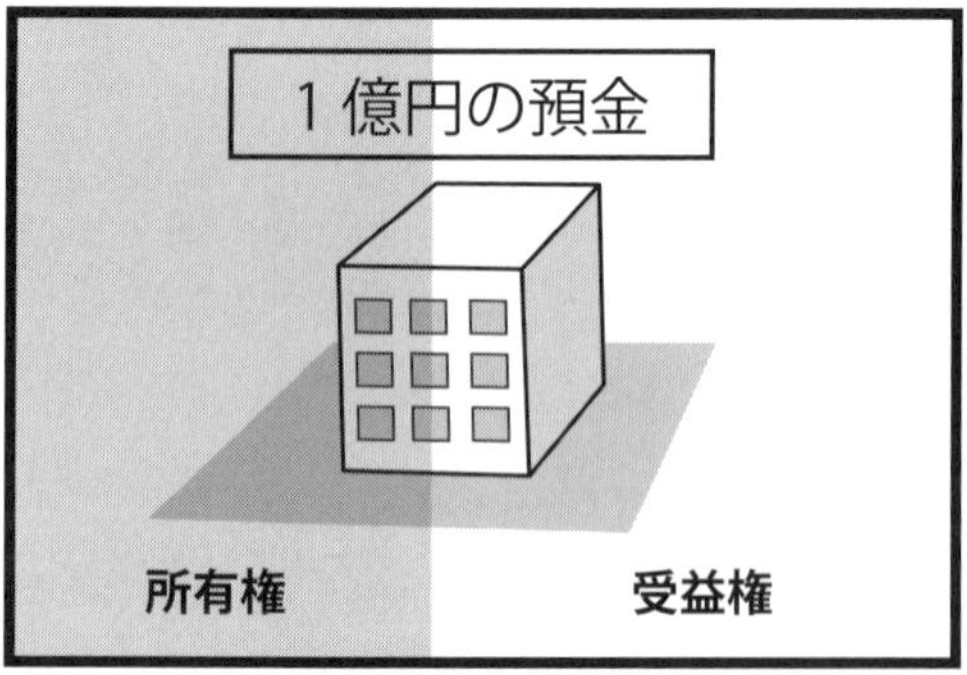

図 5-11 受益権説の考え方

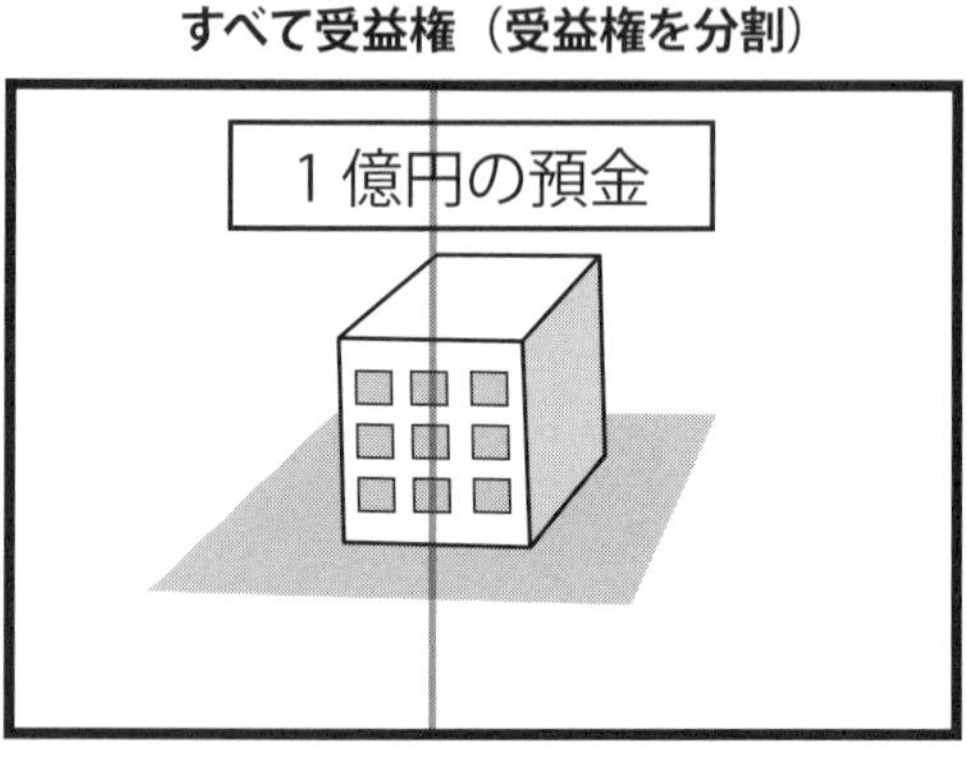

①信託財産説、②受益権説のどちらの説をとるにせよ、２０２０年4月1日に民法が一部改正されることが決まっています。一部改正の中に遺留分についての改正が含まれています。

そして、遺留分減殺請求権から「遺留分侵害額請求権」に改正されます。遺留分減殺請求権の場合、不動産は共有状態になってしまう可能性が非常に高いです。そのため、不動産の売却を行うときには、共有者全員の同意が必要になります。もめていたら、なおさら売却は難しいと考えられます。

一方で、遺留分侵害額請求権の場合、遺留分を侵害された額について、金銭で支払えば良いということになりました。つまり、金銭で遺留分を支払うことができれば、不動産が共有になることを避けることができます。この場合、不動産の売却を行うときに、共有になっていませんので、比較的スムーズに売却を進めることが可能になります。

それでは、民法改正後はどうなるのでしょうか？　そもそも、①の信託財産説、②の受益権説のどちらもなくなるのではないかと主張している専門家がいます。確かに、遺留分を侵害された額について、金銭で支払えば良いのであれば、信託財産説でも受益権説でもどちらでも関係ないと考えられます。金銭があれば、金銭で解決すれば良い話なので、どちらの説であろうと関係がないと考えられます。

遺留分を支払う金銭がない場合には、対策を考えておかなければならないでしょう。分割で支払うことができるのかどうかはわかりませんが、何かしらの対応が必要になると考えられます。

したがって、民法が改正される前においては、どちらの説の立場に立っている専門家であるかどうかが重要であり、民法が改正された後では、どのような対策が必要であるかを考えている専門家を選ぶことができるかどうかは、非常に重要です。

8 信託と書いてあるからといって、必ずしも家族信託®ではない

世の中には、「信託」と書いてあるからといって、家族信託®とは限りません。まったく性質が異なるものと家族信託®と同様なものがあります。場合によっては、家族信託®と親和性が高いものがあります。大家さん本人やその家族にとって、メリットがあると考えるのであれば、使用すれば良いと考えます。逆に、メリットがない、デメリットが多いのであれば、使用する必要はないと考えます。

①投資信託

大家さんの多くが投資信託については、聞いたことがあると思います。投資信託は、投資家から集めたお金を原資として、株式、債券、不動産、貴金属などに投資を行う金融商品です。投資するので、リターンを考えなければなりません。

配当利回りや分配金利回りが何％になっているのか？　利益が出るのか？　など、考えておかなければならないことは多いです。とはいえ、投資信託は金融商品であり、認知症

対策や承継者対策等を行う家族信託®とはまったく別のものになります。金融商品であるため、金融商品を扱うことができる会社しか扱うことができません。そのため、家族信託®とはまったく異なるものです。

②遺言信託

信託銀行で扱っている遺言信託は、信託銀行が遺言の作成に関する相談、遺言書の保管、遺言の執行を行うものです。ですから、家族信託®とはまったく異なるものであると考えるべきです。家族信託の次の三者は登場しません。

- **財産の管理をお願いする人（委託者）**
- **財産の管理を任される人（受託者）**
- **利益を受ける人（受益者）**

それでは、遺言信託のメリット・デメリットを確認したいと思います。まずは、遺言信託のメリットについて、説明します。

②―1　遺言信託のメリット

- 信託銀行が取り扱っているので、倒産するリスクがほぼない
- 確実に遺言執行を行ってもらえる

続いて、遺言信託のデメリットについて説明します。

②―2　遺言信託のデメリット

- 認知症対策にはならない
- 信託銀行への報酬が高い
- 融通がききにくい
- 資産規模が大きくないと、扱ってもらえない可能性が高い
- 遺言書の保管料を取られる

遺言書による承継ですので、認知症対策にはまったくなりません。遺言信託を行う場合には、別に認知症対策を行わなければなりません。認知症対策が必要であれば、わざわざ遺言信託を使う必要があるかどうかは考える必要があるでしょう。

②―3　遺言による信託

大家さんが亡くなった後で、信託契約を開始する場合には、「遺言による信託」という言い方をすることによって、信託銀行で取り扱っている遺言信託と区別しています。

遺言による信託とは、大家さんが亡くなった後で、信託契約を開始するものです。大家さんが生前中は、信託契約を締結しているものの、信託契約の内容を発動しないように設計しておくものです。

それでは、遺言による信託のメリット・デメリットを確認したいと思います。まずは、遺言による信託のメリットについて、説明します。

②―3―1　遺言による信託のメリット

- **承継者を一代ではなく、二代目以降の承継先を指定することができる**
- **生前中は、大家さんが自ら財産を管理することができる**

続いて、遺言による信託のデメリットについて説明します。

②―３―２　遺言による信託のデメリット

・認知症対策は行っていないので、大家さんが認知症になると、不動産賃貸業の経営は、滞ることになる

家族信託®の機能である認知症対策のメリットを用いずに、承継者対策のメリットを用いたものです。家族信託®の一部の機能を用いたものであると考えることができます。

③生命保険信託

信託銀行や生命保険会社の子会社である信託会社で扱っている生命保険信託というものがあります。生命保険信託は、家族信託®と同様な考え方をするものです。家族信託®では、財産を信託財産とすることが可能です。一方で、生命保険信託は、死亡保険金を信託財産とするものです。

日本では、一部の生命保険会社でしか取り扱われていないものです。家族信託®と異なることは、受託者が信託銀行や生命保険会社の子会社である信託会社になるということです。つまり、商事信託になります。
そのうえで、生命保険信託のメリット・デメリットを確認したいと思います。
まずは、生命保険信託のメリットについて説明します。

③—1 生命保険信託のメリット

- 受託者が法人であり、倒産する可能性が低い
- 受託者が信託業法の免許を持つ法人である
- 信託財産が流用される心配はない
- 死亡保険金を一括で支払うのではなく、委託者が支払い方法を指定できる
- 受益者の順番を指定することができる

続いて、生命保険信託のデメリットについて説明します。

③－２　生命保険信託のデメリット

- 扱っている信託銀行、生命保険会社の子会社である信託会社が少ない
- 金銭しか信託財産にすることができない
- 資産規模のハードルが高い会社がある
- 手数料が高い会社がある
- 被保険者が亡くならないと、死亡保険金がもらえない
- 会社によって、細かく設定できる会社とそうではない会社がある

資産規模のハードルや手数料が高い会社を選ばなければ、金銭しか信託財産にすることができないということだけが、デメリットと考えることもできます。生命保険に対する相続税の非課税枠を使いきれていないのであれば、相続税の非課税枠を使いながら、ただの生命保険にするのではなく、生命保険信託にすることも考えて良いのではないかと考えます。

ちなみに法人であっても、倒産するリスクがあると考えると思います。しかし、信託財

産は、受託者とは、別に分別管理をしなければならないものになります。たとえ、法人が倒産したとしても、委託者の信託財産は守られることになります。

ここまで注意するべき7点について、記載をしてきました。残念ながら、士業の先生でも理解が不足している方がいる項目です。士業の先生は、大家さんのために信託契約書を作成することが仕事ですから、理解が不足していると大家さんのために家族信託®を組むことができません。必ず、家族信託®について、理解されている士業の先生にお願いする必要があります。

一方で、コンサルティングを行っているコンサルタントも理解が不足していることが多い項目ですが、コンサルタントは、大家さんのために信託契約書を作成することが仕事ではありません。契約の当事者以外が契約書を作成する行為は、契約書の「代理作成行為」といって、決められた士業の先生にしか行うことができない行為です。コンサルタントは、大家さんのために信託契約書を作成することができません。それでは、コンサルタントの仕事は何かというと、大家さんの問題を明らかにし、その問題点を解決し、大家さんの希望を叶えることです。

また、法律等において、叶えることができないこともお伝えすることも仕事です。ですから、コンサルタントは、大家さんと士業の先生をつなぐ架け橋であり、大家さんの窓口のような役割です。コンサルタントも理解が不足していることが多い項目ですが、士業の先生並みに理解している勉強熱心なコンサルタントがいることも事実です。

大家さんは、士業の先生をつなぐ架け橋となり、士業の先生並みに理解している勉強熱心なコンサルタントを見つけ、大家さんの希望を叶えるために仕事をするコンサルタントをうまく活用されることをオススメします‼

コラム5 T社の問題は何か？

2018年は、T社も問題になりました。どうやら、預金残高の改ざんを行い、金融機関の融資審査を惑わしていたようです。預金残高を改ざんするために、購入を予定する人にT社からお金が振り込まれていたそうです。どうやら、T社から振り込まれたお金を「手付金」して、使用したようです。これが事実であれば、非常に大きな問題です。

宅地建物取引業法47条3号には、次のように規定されています。

宅地建物取引業者は、その業務に関して、宅地建物取引業者の相手方等に対し、次に掲げる行為をしてはならない。

三　手付について貸付けその他信用の供与をすることにより契約の締結を誘引する行為

宅地建物取引業者が、購入する予定の人に対して、手付金を貸し付けることにより、売買契約を締結させることは禁止されています。T社は、宅地建物取引業者の免許を有している法人で、預金残高を改ざんするために、購入を予定する人にT社がお金を振り込んでいたとすると、その他の信用の供与に当たります。

振り込まれたお金を手付金として、使用されていたとすれば、手付金の貸し付けに当たります。どちらにおいても、宅地建物取引業法違反であると考えられます。

まだ、問題は解決していないようですので、事実が解明されることを祈っています。

このような問題から、大家さん自身が身を守るためには、不動産に関連する法律の知識が必要です。

不動産業者と話しているときでも「相手が話していることが正しいことなのか？」「法律に違反していないか？」など、大家さん自身がさまざまな資格を取得する必要はありませんが、自ら判断できるように常に勉強することが必要だと思います。

大家さんの方々は、これら2018年の事件を教訓として、賃貸業を続けていく必要があることを再確認したいと思います。

（参照：全国賃貸住宅新聞社　2018・11・12号）

第6章

家族信託®を組むために、大家さんが行うべきことは3つ！

大家さんが家族信託®を組むうえで行うべきことは、次の3つです。

1　**管理してもらいたい財産を決める**
2　**財産を管理する人を決める**
3　**信託契約を作成する専門家を決める**

どれも非常に重要な事項であると考えられます。

1 管理してもらいたい財産を決める

実際に管理してもらいたい財産を決める必要があります。
財産には、次のようなさまざまなものが存在しています。

- **金銭**
- **不動産**
- **株式**
- **債券**
- **投資信託**

まだ他にもあげればキリがありません

ここでは、大家さんであれば、どうするか？　ということについて考えていきたいと思います。大家さんが認知症対策として、家族信託®を組むのであれば、管理してもらいたい財産は、次の2つです。

①不動産

②預金（金銭）

不動産において、注意するべきことは、農地を信託財産にしたいと考えた場合です。農地には、農地法という法律があります。信託に関しては、農地法3条に記載されています。農地法3条を簡単に説明すると、農地を耕作目的で売買あるいは貸し借りするには農業委員会の許可が必要になります。信託契約を締結し、農地を信託財産とすることは、売買でも貸し借りでもありませんので、農業委員会の許可が必要ないと思うかもしれません。

しかし、農地法3条に信託の引き受けによる権利取得については、農業委員会は許可ができないことになっています。つまり、信託契約の内容に信託財産として、農地を記載したとしても、信託財産としての効力がないということです。

それでは、信託財産としての効力がないからといって、信託契約に信託財産として、農地を書くことは意味がないのでしょうか？

次の2点から意味があると考えます。

①―1 いつになるかは不明であるが、将来、農地法が改正されることにより、農地に

おける信託の引き受けによる権利取得について、農業委員会は許可ができるようになるかもしれない

①―2　農地を転用した場合には、信託財産として、効力を発揮することができる

①―1　いつになるかは不明であるが、将来、農地法が改正されることにより、農地における信託の引き受けによる権利取得について、農業委員会は許可ができるようになるかもしれない

現時点では、議論されていないようですが、将来、農地法が改正されるかもしれません。もし、農地法が改正されたときには、信託契約に信託財産として、農地を書いておけば、信託財産として、扱うことができるようになるかもしれません。遠い将来になるかもしれませんし、実現しないかもしれません。可能性があることは、考えておいても良いのではないでしょうか？

①―2　農地を転用した場合には、信託財産として、効力を発揮することができる

農地から宅地に転用すれば、農地法に従うことはなくなります。ただし、農地転用に関しては、所有者の判断能力が健在である必要があります。そのうえで、農地法4条の許可を取ることができることが前提となります。
農地の場合は、農地法によって、農地を信託財産とすることができません。そのうえで、どのようにするべきか専門家に相談しましょう（参照：農地法3条1項14号、2項3号）。

また、不動産を信託財産とする場合には、不動産以外に預金（金銭）も信託財産にする必要があります。不動産以外に預金も信託財産に入れる理由は、不動産だけでは、原状回復、修繕などを行うことができないからです。原状回復、修繕などは、金銭で支払うことになります。ですから、預金も管理してもらいたい財産に入れておかなければなりません。
せっかく、認知症対策として、家族信託®を組むことに対して、預金も管理してもらいたい財産を入れることなく、賃貸業の経営が滞ってしまえば、元も子もありません。忘れずに行うことが必要です。
不動産は、登記簿に記載することによって、
財産の管理をお願いする人（委託者）
財産の管理を任される人（受託者）
利益を受ける人（受益者）
を明確に示すことができます。

②預金（金銭）

一方で、預金（金銭）は、この三者を明確に示すことが難しいです。そのため、金融機関に信託口口座を開設することにより、三者を明確に示すとともに、受託者が行う分別管理義務に対しても、明確に示すことができると考えられます。

不動産、預金の他に、株式を所有している大家さんは多いのではないかと思います。株式の場合には、上場している株式と未上場の株式で扱いが異なります。

上場している株式の場合、金融機関に信託口口座を開設することと同様に証券会社に信託口口座を開設することにより、三者を明確に示すとともに、受託者が行う分別管理義務に対しても、明確に示すことが必要です。ここまで行うことによって、受託者が受益者のために、信託財産となっている預金を用いて、上場株式の売買を行うことが可能です。

なお、上場株式に限らず、債券、投資信託、ＲＥＩＴについても売買することは可能です。ただし、株式の売買を行うのであれば、信託契約の内容として、管理だけではなく、運用、処分について記載しておくことが必要であると考えます。

しかし、株式の売買において、信用取引は家族信託®の考えには合わないものと考えます。現に、信託口口座を開設することができる証券会社においても、信用取引の信託口口座は開設することができません。

家族信託®は、あくまでも信託財産の範囲内で、管理、運用、処分を受託者に任せることであり、受益者に不利益なことはやってはいけません。現物取引では、購入した上場株式が0円になってしまうことはあったとしても、マイナスになることはありません。

一方で信用取引では、レバレッジをかけることになりますので、場合によって、負債をかぶることがあります。マイナスになることは、信託財産の範囲を逸脱する行為であると考えられます。したがって、信託口口座では、現物取引のみ売買が可能であると考えておいてください。

未上場の株式の場合、上場している株式の場合とは異なります。未上場の株式を所有している人は、多くの場合、中小企業のオーナー、役員の方でしょう。

本書では、株式についてくわしく説明することは割愛いたしますが、会社の経営方針に関わることになります。会社の経営方針と認知症対策、承継対策、その他の相続対策とすべてを総合して、対策を行う必要があります。まずは、会社の経営方針と承継者を決めることが重要です。そのうえで、専門家に相談したほうが早く進めることができると考えられます。

2 財産を管理する人を決める

財産の管理を任される人（受託者）を決めなければなりません。言うまでもありませんが、あなたの財産を狙っている人に、あなたの財産を管理させてはいけません!! 突然、ゴマをすりはじめた人は要注意です。耳障りの良いことばかりしか言わないＹＥＳマンも禁物です。

とくに、賃貸業は経営ですので、現実と向き合う必要があります。現実と向き合うということは、現状で満足できるところもあれば、改善する必要があることもあります。目を覆いたくなることもあるでしょう。耳障りの良いことばかりでは、経営することはできません。いきなり任されても、賃貸業の経営をすることはできません。

最終的にすべて受託者に任せるようになるとしても、最初から受託者にすべてを任せるのではなく、一緒に経営をしていくことで、少しずつ任せることができることを増やしていけば良いと考えます。少しずつ任せることができることを増やすことによって、最終的に受託者にすべてを任せることができるようになるでしょう。

ですから、まだまだ認知症にならないから大丈夫と思って、対策を行わないのではなく、早めに家族信託®を行うことによって、受託者に当事者として、賃貸業の経営を行う意識を持ってもらいましょう。

また、人はどの順番で亡くなるかはわかりません。そのため、受託者が委託者よりも早く亡くなったり、認知症になってしまうことも考えられるでしょう。そのための対策も考えておかなければなりません。

一つの方法として、受託者の順番を決めておくことができます。1番最初に受託者になった人に万が一のことがあったときに備えて、2番目に受託者になる人を決めておくということです。「予備受託者」という言い方をします。

「予備受託者に万が一のことがあった場合にはどうすれば良いですか?」と心配されるかもしれません。心配し続ければ、永遠に続きます。あまり複雑にはしないほうが良いと考えます。

3 信託契約を作成する専門家を決める

家族信託®における専門家のレベルは、正直ピンキリです。したがって、大家さんが判断して、専門家を選択することが必要です。専門家の中でも信託契約書を作成する士業を選択するためにチェックすべき21項目をここに掲げますので、必ず確認をしてください。

□チェック1　大家さんに寄り添う姿勢があるか？

パッケージングしている商品、サービスを売ろうとしている場合は、やめたほうが良いでしょう。

□チェック2　大家さんの希望をヒアリングしているか？

大家さんの希望を聞かないで、「こういうものです」と言う場合には、やめたほうが良いでしょう。希望を聞いたうえで、「法律上できない」「こういうリスク」があるなど説明してもらえるなら、問題ないと考えられます。

□チェック3　大家さんの状況について、こと細かにヒアリングしているか？

こと細かにヒアリングしていない場合には、パッケージングしている商品、サービスを売ろうとしている可能性があるので、やめたほうが良いでしょう。

□チェック4　信託契約書を作成するためにかかる期間について説明してくれるか？

信託契約書を作成するためにかかる期間が短かすぎる場合には、パッケージングしている商品、サービスを売ろうとしている場合があるので、やめたほうが良いでしょう。認知症になりかけており、今日にも信託契約を締結しなければならない状況において、不動産が滞ることを防ぐために、信託財産の全体をカバーできる信託契約書を使う場合は、早急に対応してもらえるので、問題ないと考えられます。

□チェック5　大家さんの現状における問題点と問題点を解決できる信託契約書を提案してくれるか？

パッケージングしている商品、サービスを売ろうとしている場合には、問題点を解決できる信託契約書になっていない可能性が高いので、やめたほうが良いでしょう。問題点を解決できる信託契約書でなければ、家族信託®を行う意味がありません。

□チェック６　大家さんが気づいていないことについても、信託契約書に盛り込んだほうが良いものとして、提案しているか？

パッケージングしている商品、サービスを売ろうとしている場合には、提案することはないので、やめたほうが良いでしょう。大家さんが気づいてないリスクについても、解決できるものであれば、解決しなければなりません。信託契約書に盛り込むように提案しているか確認したほうが良いでしょう。

□チェック７　認知症対策、承継者対策だけでなく、相続税対策、遺産の分割対策、納税資金対策も含めた信託契約書の提案をしているか？

認知症対策、承継者対策だけで、問題が解決できるわけではありません。士業につなぐ前のコンサルタントにおいても、理解しておかなければならないことです。パッケージングしている商品、サービスを売ろうとしている場合には、問題外であるといえるでしょう。

□チェック８　法定後見人、任意後見人、家族信託®の違いを説明してくれるか？

それぞれのメリット、デメリットを説明できることは必須です。わかりやすく説明してもらえれば、なお良いでしょう。家族信託®せずに、違う方法をとる場合が良い選択である可能性もあります。この方法ありきの話をする方は、やめたほうが良いでしょう。

□チェック9　大家さん本人や家族が納得するまで、説明してくれるか？

大家さん本人や家族が納得せずに行うべきではありません。納得できないところは、必ず説明を受けるとともに、納得するまで説明してもらってください。

□チェック10　家族信託®を組むまでのプロセスを説明してくれるか？

家族信託®を組むとなった場合、家族信託®を組むまでにさまざまなプロセスがあります。信託契約書は、遺言書や任意後見契約書のように、定型化できているものではありませんし、定型化できるものでもありません。信託契約書を作成するまでに時間がかかることを説明してもらえるかどうか確認しましょう。

□チェック11　メリット、デメリットについて、説明してくれるか？

家族信託®を組むことによるメリット、デメリットを理解しなければ、行うべきではありません。とくに、大家さんであれば、損益通算できないことや損失の繰越しができないことは大いなるデメリットですから、必ず説明を受けなければなりません。

□チェック12　不動産を信託財産としたときに、名義が変更されるという説明をするかそれとも所有権が変更されると説明するか？

名義が変更されるという立場であれば、名義と受益権が分離するという考え方です。受益権をもともとの大家さん本人にすれば、利益を受ける権利は、移転していませんから、不動産取得税はかからないということになりますので、問題がありません。

一方で、所有権が変更されるという立場であれば、利益を受ける権利が、移転することになりますから、不動産取得税がかかるということになります。

現に、受益権をもともとの大家さん本人にすれば、不動産取得税はかからないわけですから、所有権が変更されるという立場の士業は、よく理解できていない可能性があります。ただし、登記簿には「所有権移転」、「信託」と記載されます。登記簿に記載される時のことを説明しているのか全体的に所有権が移転するということを言っているのかではまったく異なります。疑問に思ったら、必ず説明してもらうことが必要です。

□チェック13　リスクについて、説明してくれるか？

相続税の対策を行うにあたり、金融機関から借入れを行っている場合や新しく借入れを行って、不動産を購入するということが考えられます。そのときに、家族信託®を組むことに対するリスク、組んだ後に行うことに対するリスクを説明してもらわなければなりません。当然、大家さんとしては、納得したうえで、家族信託®を組む必要があります。

□チェック14　受託者借入れについて、どちらの立場に立っているか?

受託者借入れを行うことができるという立場であるのか、受託者借入れを行うことができないという立場であるのか、どちらの立場に立っているのかということを話してくれることが必要です。そもそもどちらの立場であるか分かっていない士業は、やめたほうが良いでしょう。

□チェック15　受託者借入れを行うことができるという立場の理由を説明することができるか?

受託者借入れを行うことができる理由と、行ったときに想定されるリスク、そのリスクに対する対応方法などは、納得がいくまで説明を受ける必要があります。受託者借入れを行うことができるということをはじめに主張した先生は、明確に説明することができると考えられます。もし、「〇〇〇〇先生が言っているから大丈夫です」と、説明する場合には、やめたほうが良いでしょう。受託者借入れを行うことができる理由、行ったときに想定されるリスク、そのリスクに対する対応方法など、何をすれば良いかまったくわかっていない可能性が高いといえるでしょう。

□チェック16　受託者借入れを行うことができないという立場の理由を説明することができるか？

受託者借入れを行うことができない理由、それでも借入れを行い、相続税の対策を行う方法などは、納得がいくまで説明を受ける必要があります。受託者借入れを行うことができないということをはじめに主張した先生は、明確に説明することができると考えられます。もし、「○○○○先生が言っているから大丈夫です」と、説明する場合には、これもやめたほうが良いでしょう。

受託者借入れを行うことができるという立場であろうと、受託者借入れを行うことができないという立場であろうと、説明することができない士業は、やめたほうが良いでしょう。

どちらにせよ、最高裁の判例が出るまでは、確定できないことになりますので、最終的に大家さん本人がメリットとリスクを考えて、判断することは忘れてはいけません。

□チェック17　遺留分について、どちらの立場に立っているか？

まず、信託財産に対して、遺留分は認められないと主張するのか、それとも遺留分は認められると主張するのかによって異なります。

遺留分は認められないと主張する立場であれば、認められない理由と認められた場合のリスク、対応策を説明できなければなりません。

遺留分は認められると主張する立場であれば、認められる理由、認められることによる対応策、リスクを説明できなければなりません。

さらに、遺留分は認められると主張する立場であれば、信託財産説と受益権説のどちらの立場に立っていることを話してくれることが必要です。

信託財産説の立場であれば、信託財産説である理由、信託財産説により、遺留分を渡した場合のリスク、その後の対応策を説明できなければなりません。

受益権説の立場であれば、受益権説である理由、受益権説により、遺留分を渡した場合のリスク、その後の対応策を説明できなければなりません。

承継者対策と遺産の分割対策を信託契約書に記載する場合には、遺留分にも気をつける必要があります。

□チェック18　今まで信託契約書を作成してきた実績がどれくらいあるか？

やはり、信託契約書を作成した実績が豊富である士業を選んだほうが良いと考えます。

ただし、信託契約書を作成した実績が乏しいからといって、その士業を選ぶべきではないとは思いません。信託契約書を作成したことがある士業のほうが圧倒的に少ないわけですから、信託契約書を作成した実績が乏しいからといって、選ばないというわけにはいかない状況でもあります。

その代わり、信託契約書を作成した実績が乏しい士業を選ぶ時には、信託契約書を作成した実績が豊富である士業が事細かくサポートしてもらえる状態であることを必ず確認してください。

□チェック19　信託契約書の作成が終了した後でも、フォローしてくれるか？

信託契約書を公証役場において、公正証書等にすれば、信託契約書の作成は終了です。

しかし、これで終わりではありません。登記簿の変更、信託口口座の開設、損害保険の名義変更、不動産管理会社、電力会社、水道局への連絡などさまざまなことがあります。

うでしょう。

□チェック20　金融機関、損害保険会社、管理会社に対して、説明してくれるか？

金融機関では、信託口口座を開設する場合が多いので、信託契約書を作成するときから金融機関とやりとりを行っていることが多いです。金融機関に対して、説明することは行うでしょう。

損害保険会社に対してでは、損害保険会社によって、名義の変更が必要な場合と必要でない場合があります。不動産の名義が変更されたので、火災保険、地震保険の名義も変更が必要であるという損害保険会社と、最終的に保険金を受け取る人が変わらないので、火災保険、地震保険の名義は変更する必要がないという損害保険会社の両方があります。当然、確認をしなければならないことです。

名義を変更しなければ対応してくれない損害保険会社であったにもかかわらず、名義の変更をしなかったがために、保険金が下りないということになりかねませんので、必ず説明してもらえる士業にしましょう。

管理会社にとって、家族とはいえ、法的根拠がなければ、聞くことができない存在です。あくまでも所有者の判断に任されているからです。突然、受託者と名乗る人が出てきた場合、法的根拠があるかどうかが重要です。

管理会社は、家族信託®の専門家ではありませんので、受託者が財産を管理すること、賃貸業の経営を行うことが法的根拠があるかどうかがわかりません。法的根拠がない人の判断を聞いて、賃貸業の経営において、損失を出してしまった場合には、管理会社が責任を取らなければならないと考えていたとしても、無理はありません。

ですから、受託者が法的根拠を持って、今後、財産の管理を行っていくことを管理会社に理解してもらわなければなりません。

□チェック21　世の中の状況に応じて、見直しをしてもらえるか？

世の中の状況や、最高裁の判例、家族構成の変化などに応じて、柔軟に見直しをしてもらえるかどうかについて、聞くことは重要です。パッケージングしている商品、サービスを売ろうとしている場合は、絶対に対応しないでしょう。

家族信託®を組むということは、これだけやらなければならないことが多いので、これまでに掲げたチェック事項で家族信託®の良きパートナーを見つけてください。さらに、個別にヒアリングすれば、まだまだ解決しなければならないことがあるでしょう。家族信託®を組むためには、時間がかかるものです。ですから、専門家への報酬がそれなりにかかるということも付け加えておきます。

まずは、この本を閉じた後から考えましょう！　大家さん一人でできるものではありません。大家さんの家族で話し合うことが一番最初に行うことになります。大家さんにとって、明るい未来を実現するために、家族信託®とこの書が役に立つことを心から願っています。

専門家を決めるチェックシート

- □ **チェック１** 大家さんに寄り添う姿勢があるか？
- □ **チェック２** 大家さんの希望をヒアリングしているか？
- □ **チェック３** 大家さんの状況について、こと細かにヒアリングしているか？
- □ **チェック４** 信託契約書を作成するためにかかる期間について説明してくれるか？
- □ **チェック５** 大家さんの現状における問題点と問題点を解決できる信託契約書を提案してくれるか？
- □ **チェック６** 大家さんが気づいていないことについても、信託契約書に盛り込んだほうが良いものとして、提案しているか？
- □ **チェック７** 認知症対策、承継者対策だけでなく、相続税対策、遺産の分割対策、納税資金対策も含めた信託契約書の提案をしているか？
- □ **チェック８** 法定後見人、任意後見人、家族信託®の違いを説明してくれるか？
- □ **チェック９** 大家さんや家族が納得するまで、説明してくれるか？
- □ **チェック10** 家族信託®を組むまでのプロセスを説明してくれるか？
- □ **チェック11** メリット、デメリットについて、説明してくれるか？
- □ **チェック12** 不動産を信託財産とした時に、名義が変更されるという説明をするかそれとも所有権が変更されると説明するか？
- □ **チェック13** リスクについて、説明してくれるか？
- □ **チェック14** 受託者借入れについて、どちらの立場に立っているか？
- □ **チェック15** 受託者借入れを行うことができるという立場の理由を説明することができるか？
- □ **チェック16** 受託者借入れを行うことができないという立場の理由を説明することができるか？
- □ **チェック17** 遺留分について、どちらの立場に立っているか？
- □ **チェック18** 今まで信託契約書を作成してきた実績がどれくらいあるか？
- □ **チェック19** 信託契約書の作成が終了した後でも、フォローしてくれるか？
- □ **チェック20** 金融機関、損害保険会社、管理会社に対して、説明してくれるか？
- □ **チェック21** 世の中の状況に応じて、見直しをしてもらえるか？

おわりに

最後までお読みいただきまして、ありがとうございます。

家族信託®の本は、数多く出版されておりますが、大家さん側に立って、自ら経験をした人が大家さんのために、大家さんが家族信託®を用いるメリットについて、書かれた本がありませんでしたので、本書を書かせていただきました。

本書が大家さんの認知症対策や承継対策について、大家さん本人やその家族の皆様で話し合いを行うきっかけとなりますことを願っております。大家さん本人やその家族にとって、有意義な内容となりましたら、幸いです。

手遅れになる前に、対策を講じることをオススメいたします。

最後に、本書をお読みいただいた多くの読者のみなさんはもちろん、本書を書く機会を与えてくださったプラチナ出版株式会社の今井修さん、今井修さんと私をつないでくださった沖野元さん、編集に力を貸していただいたみなさん、そして本書の法律面について、助言してくださった司法書士　河合保弘先生に感謝申し上げます。

認知症大家対策アドバイザー　岡田文徳

●著者紹介

岡田　文徳（おかだ　ふみのり）

認知症大家対策アドバイザー
株式会社ディメーテル代表取締役社長
日本不動産総合研究所　研究員

［学歴、職歴］

1985年東京生まれ、東京育ち
2010年東京大学大学院　工学系研究科　化学生命工学専攻　修士課程修了
2010年コニカミノルタオプト株式会社入社(現　コニカミノルタ株式会社)
2016年株式会社ディメーテル設立

［実績・経験］

メーカーの研究員をしていたところ、会社の都合により望まない異動を命じられ、家業の大家業を引き継ぐ。そのころ祖父が90歳を超えて軽い認知症になり、入院した時に銀行口座からお金が下ろせない、不動産賃貸業がストップしたという経験から、両親と認知症対策を行う不動産の賃貸経営ノウハウや人脈を自ら構築し、自身の経験をセミナー等で大家さんたちに発信し始め、現在までのべ948名の大家さんに認知症対策の重要性を伝えている。法律の専門家ではないので相続に関する用語を簡易なことばで伝えることから非常にわかりやすいと評判で、セミナー受講者の中から認知症対策のコーディネートや個別相談の希望者も多い。

また最近では、認知症対策の専門家としてテレビや専門雑誌からのインタビューや取材依頼も多い。

テレビインタビュー：ABC朝日放送「キャスト」
雑誌インタビュー：家族信託実務ガイド第5号特集
家主と地主2018年6月号特集
セミナー：不動産実務検定2級、1級、マスター講座、DVD講座
東京大家塾、千葉大家倶楽部、福井実践する大家の会、
女性大家の会ローズ会
講演：J-REC全国事例研究会　関東ブロック代表
足立区生涯学習センター
積水ハウス株式会社

大家さんのための家族信託®

2019年　6月15日　初版発行

著　者　岡田　文徳
発行人　今井　　修
印　刷　　　ニシ工芸株式会社
発行所　プラチナ出版株式会社
〒104-0061 東京都中央区銀座1丁目13-1 ヒューリック銀座一丁目ビル7F
TEL03-3561-0200　FAX03-3562-8821
http://www.platinum-pub.co.jp
郵便振替　00170-6-767711（プラチナ出版株式会社）

落丁・乱丁はお取り替えいたします。
ISBN978-4-909357-40-3